沉錨效應×〔　　〕法則×交換理論，從偵訊室到談判桌，祕訣大爆炸！

談判賽局的
破冰
ICE BREAKING STRATEGY
策略

♟ 學會談判，為自己創造出更好的生活！

財富 好像很近 超遠
其實離你

FBI 教官的商業讀心術

以長年經驗及成功案例
教你精準攻破對手心防

談判陷入僵局，不見得是壞事？
適度表達憤怒，反而對談判有利？
談判，不是非贏即輸的彼此對抗！

高德 著

目 錄

CONTENTS

第五章　信任 ── 建立深度信任，掃清合作障礙

第六章　針對性賽局 ── 解決故意製造僵局的人

第七章　決定權策略 ── 找出那個說了算的人

第八章 「情緒錨」── 靈活發揮情緒的作用，快速擊破堡壘

第九章 耐心 ── 對付精心設計的拖延戰術，耐心要用對地方

第十章　原則 —— 永遠不要為了達成交易而自降身價

尾章　談判陷入僵局時經常出現的 10 個問題

後記　學習談判的關鍵技巧

附錄　破冰談判鐵律

CONTENTS

前言

近二十年來，矽谷和華爾街的巨頭們高薪僱用的聯邦調查局審訊官多達五千餘名。很多中情局的偵訊專家在離開蘭利後也投身於這些大公司的懷抱，成為談判專員或從事與談判相關的工作。這是因為高級的審問技術總是與心理學和賽局理論中指明的方向不謀而合，而心理學和賽局理論也是談判學中用於化解障礙的兩大重要理論。在解決談判的種種疑難問題方面，有過審訊官任職經歷的人往往做得非常成功，他們比商學院學生更善於洞察人性，可以敏銳地抓住對手的弱點，用更少的成本為所效力的企業賺取更高的收益。

蓋達組織的重要人物哈桑·古爾（Hassan Ghul）供出了賓拉登的姓氏，美國情報部門才順藤摸瓜找出了賓拉登的藏身地。這是一次頗有象徵意義的偵訊，不過哈桑·古爾並非因被嚴刑拷打而招供，而是他高傲的行事作風被偵訊專家利用。中情局特務解開了他的手銬，提供藥品治療他的糖尿病，送給他無糖餅乾和香菸，讓他坐在陽光充足的地方享受瓜果，如果他需要，還可以提供別的服務。不到二十分鐘，哈桑·古爾便提供了重大線索。他認為自己極受尊重，這種待遇超出了他的心理預期。在此之前，美國人對他用盡了粗暴的手段，卻沒套出一條有價值的情報。

前言

　　許多人決定放棄條件優渥的工作轉行做一名特務，是因為他們認為自己有必要迎接新的挑戰，接觸一些更實用和更有效的知識。他們當中一些人將自己在聯邦調查局國家學院的受訓生涯視為人生的一個新起點，比如坎特·維斯蒂莉，成為優秀的 FBI 調查員是她的畢生夢想。

　　維斯蒂莉是土生土長的德克薩斯州聖安東尼奧人，在申請為聯邦調查局工作之前，她受過高等教育，大學畢業後為著名的刑事辯護律師做了一段時間助手工作，然後她拖著行李箱來到聯邦調查局國家學院，開啟一段全新的旅程。在為期 20 週的課程中，她和其他人一起學習了格鬥、射擊、情報蒐集和分析、策略戰術和法律運用等技能，還有大量的模擬實戰，生活很充實。在「霍根銀行」與劫匪的談判中，維斯蒂莉突然發現了自己的談判天賦。隨後經歷了「毒品交易商」、「犯罪組織首腦」、「臥底探員」、「恐怖分子」等分組談判訓練的她，再一次改變了自己的人生軌跡 —— 從一名普通的 FBI 探員轉型為談判專家。

　　維斯蒂莉在後來的回憶錄中說：「24 歲那年，我經歷了許多困難，從國家學院的模擬城市開始，起筆為自己寫下一段難以置信的故事。在 FBI 工作的每一天都是最美好的時光，也奠定了我今天的工作的理論基礎。每當坐上談判桌，我總是最輕鬆的那一個，我了解人們想什麼，我知道如何讓

他們點頭，我從十餘年的談判、審問實戰中學到了這些技能。」她還提出了以下幾個問題：

★ 假如你一無所知，如何預防談判桌上的錯誤決策？（某一方或雙方的錯誤決策是讓談判陷入僵局的主要原因）

★ 最大限度地低估對手的道德水準，不正可以最大限度地降低損失嗎？（許多人不是失敗於無恥，而是死於自己一廂情願的美好期待）

★ 如果面對一個狡猾又卑劣的對手（經常如此），你怎樣在談判前未雨綢繆？（準備得越充足，我們破冰的力量就越大）

★ 當你想和危險的談判對象達成令你滿意的交易時，你是否發現自己已暴露了弱點？（隱藏自己的弱點，能讓你減少處於被動方的機率）

談判無可避免地會遇到僵局，除非這次談判根本不重要。局面僵持越久的談判，一旦被突破，取得的成果往往越大。關鍵是，我們要掌握打破僵局、直達目的的辦法。站在心理學和賽局理論的角度，談判時我們究竟該如何破冰，這是在本書中我們即將探討的內容。

在我當教官時，維斯蒂莉跟我說過一句話：「打開人們心中所隱藏的卑劣的一切。」（Uncover all mean thoughts, no matter how deep they hide）結合上面她提到的四個問

11

前言 ─────────────

題，這毫無疑問是十分消極的觀點，因為談判實在不像人們的日常溝通那樣充滿趣味性，而是時時會有阻礙交易達成的因素產生，使得談判進入重複互動和充滿對立的僵局。你只有預先設想好所有可能產生的消極因素，才有機會在問題產生時儘快地解決它們。

在本書的寫作過程中得到了美國聯邦調查局國家學院（FBI National Academy）的談判專員坎特·維斯蒂莉女士的幫助，在此衷心表示感謝！

本書提及的談判方案豐富全面，相信能夠幫助讀者有效破解談判場合中的僵局。

第一章
原因 —— 談判緣何僵持不下

想打破僵局，我們首先需要明白是哪些因素讓我們在談判桌上處於被動。

章引：僵局象徵的是積極的訊號

在本書的一開始，我們要了解談判出現僵局並非是一件壞事。在某種程度上，我們要認定這是一件有意義的好事，因為它意味著我們與對方找到了達成交易的突破口，同時也發現了導致談判失敗的原因。

有很多僵局是由於突發因素造成的，比如雙方文化背景的差異，一方的語言中某些表達不當、模糊或有歧義的詞彙使對方產生誤解。誤會一旦產生，就很難消除，有些公司與國外客戶的談判陷入僵局，費了很大功夫才把客戶請回談判桌，消除誤會。

出現僵局，就必然影響談判達成協議，這毫無疑問是我們不願看到的。但反過來思考，我們可以從中看到一些積極的訊號 ── 雙方都有誠意，才對某些問題特別介意並不想讓步；談判是雙方利益的分配，也是雙方擺在桌面上的、公開的討價還價，出現僵局說明合作中存在重大問題的分歧，只要解決了這個分歧，結果對雙方就都是有利的。透過理性分析、正確認識和慎重對待這一分歧，便有機會尋找到突破口，在談判中掌握主導權，打破僵局。

▌阻礙談判的五個因素

很多年以前，我受僱於一家企業，在一次電信設備的購買過程中負責提供談判方案，這家企業提出的一個要求是該機器的利用率必須達到 95%，他們對思科、華為和愛立信均提出了同樣的條件。

我對此並不確定，於是便問：「為什麼是 95%，目前這種機器在世界範圍內的最高利用率是多少？」他們回答：「只有上帝知道。」我又問：「如果只能達到 85% 的利用率，可以接受嗎？」他們回答：「也許可以。」

那麼問題來了。我說：「你們能夠接受的最低利用率是多少？每降低一個百分點，對你們產生的影響是什麼？價格壓縮空間有多大？利用率每上升一個百分點所增加的利潤是多少？這些問題不解決，顯然談不下去。」

他們不知道答案，也沒有應對的思路。這家企業對自身的情況一無所知，對談判對象（賣家）所擁有的數據優勢的了解也十分模糊。這讓談判變成了一場貓捉老鼠的遊戲，賣家是貓，他們是可憐的老鼠。我們可以想像得到談判桌上的尷尬，那將是一個進退兩難的局面 —— 賣家同情他們的愚蠢，而他們會在一個又一個的誘導條件下做出錯誤的決策，他們或者堅持自以為是的原則絕不讓步，或者草草地投降收場。唯一可以肯定的是，他們在這場談判中創造額外價值的

可能性近於零。我對此見怪不怪，因為像這家企業一樣不知如何解決談判中的關鍵問題，尚在入門階段的談判者，實在太常見了。而本書著重講述了我們（大多數的談判者）是怎樣抱著美好的期望在談判桌上陷入僵局的，以及應該採取哪些有效的策略達成交易。

阻礙談判的因素無非以下五個：

第一個因素是互信不夠 —— 雙方缺乏信任。當信任度不足時，談判實質上便成為一種試探。雖然雙方的條件（預期）可以達成一致，但是因為彼此都不夠信任對方，所以談判的過程中雙方反覆試探，誰也不肯亮出底牌，從而掉進重複互動的陷阱。

第二個因素是「讓步程度」和條件與預期不符。我們在談判的時候都會有一個「讓步程度」的問題 —— 當需要讓步才能達成交易時，可以適當讓步，比如允許有5%～10%的價格波動。如果對方的要求大大超過了我們的讓步程度，談判也會陷入僵局。你能接受的讓步幅度是3%，對方提出的卻是15%，如此巨大的差距就會讓談判局面陷入僵持，而且毫無打破的希望。

第三個因素是資訊不對等。我們不知道對方的條件，對方也不知道我們的條件；同時我們中間的某

一方也缺乏足夠的資訊進行決策，因此低估或者高估對手，導致對形勢產生誤判。「資訊不對等」容易產生的一個結果是，談判過程走走停停，今天可以明天又不可以，雙方陷入拉鋸戰。在彼此握有的資訊對等之前，談判不會有明顯的結果。

第四個因素是人們對於談判主導權的爭奪。沒有人不想控制情勢，主導局面，成為控盤方，就是說在談判的過程中我們都想占據主導地位，而讓對方居於次要和服從的位置，這時候也容易陷入「務虛不務實」的拉鋸戰，可能雙方談了很長時間還沒觸及正題，時間全浪費在了閒聊上。

第五個因素是人為導致的談判僵局。比如對方有意出難題，使出拖延戰術，故意刁難，談判代表假裝沒有決定權等，我們經常會遇到這樣狡猾的對手，考驗我們耐心的同時，也非常考驗我們的經驗。

無論如何，當談判陷入僵局時，我們都需要破冰。打破僵局，首先要建立信任關係，沒有互信為前提，任何對話都進行不下去。其次我們要了解自己的談判對手，他是一個什麼類型的人，他想做什麼，他想達到什麼要求，他有哪些方面是你尚未知曉的，這些資訊都需要重新蒐集、評估。接著是我們要建立「資訊相對不對等」的優勢，爭取獲得更多、

更全面的資訊，才能從容不迫地制定談判策略。最後要突破我們以往的談判技巧，要善於充分地利用各種條件實現我們的目標，開發環境因素，並善用心理戰術。因為談判和偵訊在本質上是一致的。在本書的十個章節中，我們將針對上述五個因素分別闡述談判破冰的實戰策略。

我們都不想妥協，是源於不能讓步的「讓步程度」

在應徵或派出談判人員時，企業的主管經常問的一個問題是：「你會談判嗎？」他們擔心的是技術。而我則不然，我最關心的問題是：「你是否清楚為何談判？」我認為懂得因何而談才是最關鍵的事情。

當面對一些需要談判的任務時，很多人不是躍躍欲試，就是頭皮發麻，一談就怕。談判彷彿是一個未知的領域，裡面不是 A 就是 B，他們未充分地看到其他的可能性。比如，有些人自覺為公司勞心勞力，鞠躬盡瘁，但到手的薪水少之又少，公司給自己的報酬和自己的努力不成正比，早已到了向人事部門開口要求加薪的時候，但他們的腦海中對於這次談判的預期卻是兩個凝重的問號：是得償所願？還是捲鋪蓋走人？在他們的潛意識中，似乎後者的可能性更大。

如果你不知道要什麼，你就不清楚如何邁出第一步，也

就掌握不了談判的節奏。「目的」是所有談判賽局的核心。我們和對手如何各自達成既定目標，實現皆大歡喜？不論何種形式的談判，在你開始做準備時，這都是第一項要擺在桌面上的議題。

最怕你萬事俱備，卻忘了為何而來

事實上，正如維斯蒂莉在 FBI 國家學院的結業發言上所說：「人生無處不談判，但總是準備得最好的人笑得最燦爛。」不管你是購物或是與商家殺價，做生意搞定客戶，偵訊室讓犯人開口，還是解決家庭糾紛，處處都需要談判的技術。不懂怎樣談判的人很難走得遠，不知為何而談判的人也無法走到最後。

你準備充足，卻不知為何而來；你學富五車，卻不知何處能一展長才；別懷疑，有這兩種困惑的聰明人不在少數。我經常看到一些勝券在握的人莫名其妙地失利敗北，他們明明全面占據主動，卻突然忘了自己的初衷。我也發現有些人做事情時總是與既定方針背道而馳，拿回一個不倫不類的結果。某些時候，方向比努力重要。在所有領域的競爭中，只有目標堅定的人才能笑到最後。

在發生衝突時，你心中閃過的第一個念頭是：「我們彼此有了爭執，那麼坐下來談談吧！」坐下來以後呢？你的話術繁多，知識豐富，口才也很厲害，可是對於要達到什麼樣的

目標卻不甚清楚。你想要的高價是多少？你能接受的底價是多少？對於這些問題你都沒有答案。雖然你在談判，但秉持的卻是「走一步看一步」的態度。如此一來，找到可行方案和為自己謀取最大利益的可能性就很低了。

在國家學院與 FBI 審訊部門工作的十二年間，我最寶貴的經驗用四個字總結出來便是「不忘初心」。每當我走到偵訊室的門口，總會用食指的關節在牆上輕輕地敲擊兩下。這是我的習慣，這個動作給了我一個心理暗示，用於自我提醒：

★ 你想從那個傢伙的嘴裡得知什麼資訊？（最佳目標）

★ 你希望他至少告訴你一些什麼？（次佳目標）

我見過七百多名罪犯、證人和準備做交易的嫌疑人。他們當中有芝加哥的金融駭客、舊金山的豪車竊賊、華爾街搞非法交易的證券公司經理、銀行洗錢職員，還有涉嫌恐怖犯罪的青年。毫無疑問，每個人都是狡猾之徒，深諳話術。來到偵訊室之前，他們已不知演練過多少遍 —— 如何對付 FBI 探員，在律師的幫助下，他們的經驗老道，近乎無懈可擊。

FBI 探員可倚仗的工具是什麼呢？一間 15 平方公尺內裝了五個攝影機的偵訊室，三盞小燈和一盞大燈，再加上四把椅子、一張桌子、兩杯咖啡、幾張紙和一枝筆。我無法指望更多，但我有一些天然的優勢 —— 和被關進這間小房子的人相比，我擁有與他們不對等的資訊和心理優勢，我清楚地知

道自己想要什麼，而對方除了律師一無所有。唯一對我不利的是時間，在規定的時間內我必須讓對方開口，這表明我學到的談判技能將派上用場，以盡量縮短這場較量的時間。

離開 FBI 後，儘管我刻意地忘掉了在那裡學到的許多東西，但每次參加商業談判，我還是會在走進會議室時用食指關節敲擊兩下牆壁。我把拳頭輕輕攥緊，隨著兩聲關節與牆壁的碰撞聲，我的精神放鬆下來，每一次這個習慣都能為我加強此行的「目的性」。

如何確定談判目標

人們既希望在談判桌上成功地達到一個合乎期待的目的，又不想為此大費周章。如何才能確定自己在談判時的具體目標呢？怎麼樣才能針對我們的對手設置一個高成效的談判目標？

明確談判的目標非常重要，正如偵訊者和罪犯的目標通常是對立的，具有零和賽局的性質。偵訊人員的心中想：「我希望他在 30 分鐘內開口，交代該案件的來龍去脈，盡量讓他願意同意交易。如果他能出賣幾個重量級的同夥，我能給他一個較為體面的結果。但我不會讓步太多，最好也別讓我做出這個選擇。」同樣，坐在對面的那個傢伙也有他的期待和想要實現的目標：「出賣同夥我絲毫沒有心理負擔，他們就是拿來出賣的；但我要考慮自己和家人的安全，我想要一大

21

筆錢，想讓家人獲得綠卡，想拿到最低的刑期。哦，最好是不坐牢！」

但事情也不盡然，假如雙方各自握有一定的優勢，也能迅速達成合作，實現雙贏。最好的談判是大家都達到了目標，問題是如何在雙方的目標之間找到一個合理的區域，使雙方的需求能夠同時被滿足。

經過確認的目標是判斷我們的談判是否成功的標準，也是你在走進房間後時時提醒自己別被對方或第三方干擾而偏離主題的基準。在最佳目標和次佳目標間，我們得設置足夠的彈性。必要時也可以退一步，維持一個能完成任務的基本目標。

談判的目標可以分為三個級別：

- 最高等級 —— 最佳目標。你的要求逐一得以實現，對方毫無意見，沒有比這更好的局面了，如能實現這一目標，代表談判圓滿成功。例如，對偵訊者來說，還有比罪犯全盤交代而且無任何交換條件更好的結果嗎？
- 中間等級 —— 次佳目標。你付出了少許代價，滿足了對方的基本需求，但自己仍得到了全部，實現了既定的目標。如同偵訊者在法律允許的範圍內為罪犯減少了刑期並保證他和家人的安全，拿到了所有的情報，攻破了整個犯罪組織，這意味著談下了一個值得慶賀的結果。

- 最低等級 —— 基本目標。你的運氣不好，碰到了一個狡猾強硬的對手，因此做了很大的讓步以保證實現最基本的目標。比如偵訊室中，罪犯有超強的心理素養、反偵訊和談判技巧，且手握足以逼你妥協讓步的底牌，而你對此無計可施，只能為他的至親解決移民問題，提供一定年限的安保服務，還要費盡心力去說服聯邦檢察官，找個理由把他無罪釋放。我遇過這種情況，唯有公平交易才能換來一個聽起來還不壞的結果。這是我們能接受的最低目標。如果可以在整體上取得關鍵性突破，局部的讓步仍是可以接受的，以保證談判達到了我方最基本的目標。

　　總體來說，談判的目標就是在過程中努力滿足自己的最佳利益，或者在最高與最低利益之間找到一個合理的區間，與對方達成共識。但你要事先確定談判的底線，並且清楚自己的要求，才能進退有序，從容不迫。

如何確定最可行的目標

為了確定最可行的談判目標，我們每次在談判前都會開一個 2～5 小時的磋商會。首先將最佳目標置頂，然後列出影響達到這一目標的階段性問題：

- 最快的路徑是什麼？
- 最大的障礙是什麼？
- 最不可預測的變數是什麼？
- 最有效的化解工具是什麼？

其次，我們需要充分地考慮和誇大對手的能力，包括對方的心理、身體、意志力、資訊量等各個層面的技能，設定對方是最強大的假想敵，這是確定最可行目標的一大基礎，有了對比論證，你才能有方向。碰到障礙時，你才能鎮定而快速地反應，而不是被按下暫停鍵，停滯不前。

確定最可行目標的過程實際上也是對自己想要和需要的「條件」的分析。你一定要充分地論證這些內容，討論其中的細節（矛盾之處），找出符合現實的部分，並把它們羅列出來。很多常見問題會出現於談判中，比如商務談判中的價格、工期、數量、品質、售後服務、折扣；聘用談判中的年薪、認股權、職權、考核、合約期限、保密條款等。確定最可行目標的同時，考慮到對方可能關心的內容，按優先順序排列出來，逐一思考後制訂出一個最終的理想方案。

信任不是一廂情願的事

　　有這樣一個故事，一位男士和妻子的感情一直不錯，兒女雙全，家庭幸福。但結婚一久，夫妻間的交流就變少了，昔日的濃情蜜意轉化為似淡淡流水的親情。只有當他想出去和朋友聚會、晚歸或有其他需要而向妻子「請假」時，才會熱情如火般與她互動。這就使他的妻子對他有了個固定的印象：無事獻殷勤，非奸即盜。只要老公對自己表現熱絡時，那就一定是有事相求。

　　這天吃完晚飯，這位先生突然對妻子說：「老婆，我發現娶了妳太幸福了，妳不但飯做得越來越好吃，家裡的各種事務也安排得井然有序，我得累積幾輩子的好運才能跟妳共度這一生啊！」聽了他的話，妻子冷笑一聲，輕描淡寫地拋出一句：「說吧，你又有什麼事？是不是明天晚上又要出去鬼混了？」這位男士異常震驚：「我什麼事都沒有啊，妳別誤會我，我剛才說的是真心話，忍不住想要讚美妳。」然而，不管他如何解釋，妻子仍然一臉不屑：「別裝了，只有當你有事求我時，才對我說幾句言不由衷的漂亮話。這麼多年來每次都這樣，我都習慣了！」

熱情是因為別有所求

在談判桌上要警惕那些「突然獻殷勤的丈夫」，上面這個故事向我們展示了一個「常理」，那就是沒有無緣無故的愛，也沒有無緣無故的恨。一般來說，當對方突然表現得過分熱情並超過了一定的程度時，你要想到他一定想提出某種要求（請求），而且很可能讓你承擔損失和風險。你要在心裡打上一連串問號：「他到底想做什麼呢？」、「他有什麼動機？」、「我是不是應該啟動防禦機制？」這是談判中的基本素養，不僅對陌生的對象要這樣防備，對熟悉的合作方也應如此。

當我和一家公司的業務團隊接觸時，如果對方冷若冰霜，對我愛理不理，我不但不會介意，而且心情舒暢；但如果對方極為熱情地噓寒問暖，不停地許諾優惠的條件，構想美好的前景，表現出一種「和你合作我們非常興奮」的姿態時，我就會渾身不自在。我從中看到的是危險，不是成果；我預感前面是已經挖好的陷阱，而不是源源不絕的金錢。去購物時也是這樣，冷漠的銷售員給了我們安全感，過度熱情的銷售員會讓我們想趕緊離開，不想讓對方看到自己的弱點（需求）。

過分熱情的談判對象並非因為他們是生性熱情的人，而是他們有所企圖。那些值得坐下來好好談談的合作對象，都是十分善於拿捏分寸的人，他們既不冷漠，也不熱情。我傾向於與這類人深入交流，這代表了一種成熟和理性，你能和

他們開啟一段良性的談判，而不是經歷一場情緒的波動。簡單來說，就是要小心那些喜怒形於色、神態誇張的人。他們缺乏人際關係的邊界感，總是會突然把談判帶離正軌。

交換理論

美國社會學家喬治·卡斯珀·霍曼斯（George Casper Homans）1932 年畢業於哈佛大學，曾經在美國海軍服役，後回到哈佛擔任社會學系教授。他的研究領域十分廣泛，涉及人類學、心理學、歷史學和科學哲學等學科。他強調人和人的動機在社會活動中的決定性作用，並提出了「社會交換理論」：任何人際關係在本質上都是「交換關係」。只有這種人與人之間精神和物質的交換過程達到互惠和平衡時，人和人的關係才能和諧。而且只有在互惠平衡的條件下，人和人的良性關係才能維持下去。

從這一理論中我們能看到，行為不是無源之水，也不是無本之木，人的任何行為的背後都有特定的動機，遵循著報酬原則。比如熱情的談判對象的潛意識中是這麼設想的：「我對他很慷慨大方，給他很高的禮遇，他應該感謝我並接受我的條件，為我的熱情支付報酬。」他的動機不是熱情，是與熱情相伴隨的某種條件。精明如你，一定能悟到他的心思，因此不要被對方的熱心矇騙。你不是來享受熱情的，而是為了一個平等的條件而來。

　　有一個故事在商業諮詢場合被不同的人反覆地提到，告訴我們當對方特別禮遇你時一定要提高戒心，否則就會掉進溫柔的陷阱，最終簽下一份使對方喜笑顏開的協議。這個故事講的是一九七〇年代一名叫做哈曼的美國企業的代表被公司派往日本參加一場重要的商務談判，由於是第一次去日本，哈曼很興奮，他專門抽出一個禮拜學習了日本文化，告訴自己一定要好好表現，只要搞定日本客戶，公司將予他重任，從此便能大展宏圖。

　　飛機抵達東京機場後，客戶的公司派了兩名日本人彬彬有禮地鞠躬迎接，協助他通過安全檢查，然後引領他坐上一輛豪華的禮車。乘坐這輛車的感覺很好，哈曼坐在舒適、柔軟的後座上奇怪地問：「後面很寬敞，你們為什麼擠在前面，不坐到後面來呢？」對方答：「您是地位崇高的人，到這裡參加重要的會議需要好好休息。」這個態度給哈曼留下了極好的印象，他非常滿意。

　　接下來，雙方又發生了下面的對話。

　　日方接待人員問：「先生，您會日語嗎？」

　　「不會，我帶了字典，希望能學一點。」

　　接待人員又問：「哈曼先生回程的時間確定了嗎？是否已經訂好機票？我們可以先將車準備好，以便屆時把您送到機場。」

　　哈曼高興地說：「你們的服務真周到。」他找出機票交給了接待人員，日本人就此知道了他的回程時間，而他一點都沒有察覺對方的意圖，完全沉浸在被高度重視和尊敬的虛榮心中。他回飯店後在日記中得意地寫下了自己的感慨，表示從未受過這麼隆重的待遇，一種要大展身手的雄心壯志油然而生。

　　談判並未如預期的那樣立即開始。白天，日本企業的代表們忙著帶哈曼參觀東京的景點，比如皇居、博物館、文化表演等，為了讓他聽懂，還特意請了英文翻譯向他介紹各式各樣的日本文化。晚上，接待人員請他享受日本傳統的晚宴，一頓飯總要吃上 4 個小時。每當哈曼提到開會的事情時，對方總是笑著說：「還早呢，我們有的是時間。」

　　到了第 12 天，談判終於開始了，但仍然有其他娛樂活動等著。上午僅談了兩個小時，哈曼就被拉去打高爾夫球，他經歷了一次有生以來最豪華的高爾夫球盛會，日方企業代表請了當地有名的球員作陪。第 13 天，談判也很早結束，幾乎什麼都沒來得及談，就到了中午的歡送宴會的時間，日本企業在東京的五星級飯店為他準備了一場盛大的宴會。到了第 14 天的上午，終於要談到合作的重點了，哈曼發現自己的時間很緊迫，正當他要提出條件之時，接他去機場的車抵達了，大家擠在車內一路繼續談判，到機場之前，他們終於達

成了協議。仔細算下來，哈曼來日本的 14 天中用於正式談判的時間不超過 3 個小時，其餘的時間不是在享受服務，就是在去享受服務的路上。

那麼他從日本人那裡拿到了一個什麼樣的結果呢？哈曼回美國後數次對同事說：「我再也不會去日本了，因為日本人在我身上取得了『珍珠港事件』後最大的一次收穫。」這說明他輸掉了談判。從接機人員得到他回程日期的那一刻起，他就已經處於被動狀態。對手的視野是真的，針對性的談判手段也是真的。日本人精確地摸準了哈曼一定要拿著結果回美的心理，巧妙地安排完美無缺的接待服務，大幅壓縮談判時間，在哈曼離回國的時間所剩無幾時迅速攻下陣地，而他完全無計可施。

任何「超規格接待」都不是免費的

有句話說得好：「天下沒有白吃的午餐。」還有句話說：「所有命運饋贈的禮物，早已在暗中標好了價格。」哈曼的故事讓我想到 2014 年時我和某家公司的談判歷程，對方的套路與該日本公司如出一轍，在 3 天內我受到了無微不至的接待：住在當地最好的飯店，出席遊艇會的晚宴，邀請我去該公司旗下的數家高級酒吧、夜總會參觀，所有的費用全部免單，一路有人作陪等等。直到第 3 天的晚上（次日清晨我便離開）才正式開啟談判，對方公司的總經理一開口便提出

了一個極為苛刻的條件，價格比我方的底線還要低了百分之六十左右，顯然是我方不可能接受的。

當你受到對方的禮遇時 —— 往往還有價格不菲的禮物，千萬別傻傻地以為這是對方的禮貌待客之道，或者天真地覺得自己值得這樣的待遇。對方在這個地方付出了心血，在另一個地方就一定要討回來。對你的待遇越好，在談判桌上提出的條件就越苛刻。

懂得設置彈性

什麼是彈性呢？就拿我來說，當我聽到上述那間公司的報價時，我並未因時間緊張而倉促同意，也並未把專案的成敗當回事，而是立刻拒絕了那個可笑的條件。根據形勢的變化隨機應變，永遠以實質利益為優先，不被環境所束縛，這就是彈性。因此，遇到這種情況時你應該果斷停止溝通，只有在自己投入時間和精力做了謹慎的思考之後，才能開啟真正的談判。不要被對方的接待迷暈了頭腦，你要明白他們是醉翁之意不在酒。

▌低估對手帶來的大麻煩

談判時的最大陷阱是讓自己掉進一種非合作賽局的困境：我不想跟對方合作或進行建設性溝通，因為對方「遠不如我」。如果你嚴重地低估對手，覺得稍施手段就能制服對方，便很容易造成帶著合作的目的而來，卻成了破壞合作的「凶手」這樣的局面。

有時這是自己的原因，但還有些情況 —— 你遇到了一個擅長製造麻煩的對手，他逼得你自亂陣腳。你完全沒想到對方的談判智慧不亞於你，甚至經驗比你還要豐富，一旦開始較量，你就處於這場談判賽局的下風。

談判是人和人鬥智鬥勇的過程，是心理和其他各個層面的多方位賽局。從根本上講，賽局理論包括了從談戀愛、踢足球、家庭關係、商業合作、政治鬥爭到戰爭指揮等所有涉及策略運用的情景，提供了一種能夠計算各種可能決策所產生的收益的數學方法。簡單地說，賽局理論能幫我們在各種競賽性的場合做出最佳（次佳）決定，擴大收益，減少損失，或者開啟一段基於未來的長期合作。

著有《理性的邊界》的美國經濟學家赫伯特・金迪斯（Herbert Gintis）認為，賽局理論是人類「研究世界的一種工具」，而且不只造成工具的作用，還研究人和人是如何合作與競爭的，並研究人的行為方式的產生、轉變、散播和

穩定。對於談判者而言，沒有什麼資訊是比對手的行為方式與思考模式更寶貴的了。

每個人都會選擇自己的最佳策略

賽局理論並非完美無缺，比如數學家約翰・富比士・奈許（John Forbes Nash Jr.）曾發表論文提出了「非合作賽局」的存在，徹底地改變了人們對於競爭的看法。奈許的生平故事在 2001 年被改編成了一部經典電影《美麗境界》，拿下了四項奧斯卡大獎。奈許最大的貢獻是證明了非合作賽局以及它的「均衡解」，也就是著名的「奈許均衡」，又稱為非合作賽局均衡。即：

假設有 n 名局中人參與賽局，給定其他人策略的條件下，每個局中人都會選擇自己的最佳策略（個人的最佳策略可能依賴，也可能不依賴於他人的策略），從而使得自己的利益最大化。所有的局中人的策略共同構成了一個策略組合。奈許均衡指的便是這樣的一種策略組合，這種組合由所有的參與人的最佳策略組成。在給定了別人策略的情況下，沒有人有足夠理由去打破這種均衡。

從人的本質上說，「利己」始終是排在第一位的選擇。如果不能利己，誰還願利人呢？也許某些時刻有這類人出現，但那是少數。所以別被這種個例欺騙，要充分認識到人們追求的是「非合作賽局」，大部分人都希望獲得一個對自

己最有利的方案，他們也會選擇相應的策略。基於這一點，你要把坐在對面的對手想像得更狡猾和奸詐一些，而不是一廂情願地奉獻出你的合作精神。

誰是那頭自以為是的「蠢豬」

我們想像一下在某個豬圈中有兩頭非常聰明的豬，其中一頭是大豬，另一頭是小豬，牠們共同生活在裡面。在豬圈的一邊有一個踏板，每踩一下踏板，在遠離踏板的、豬圈的另一邊的投食口就會掉下食物，但食物的量很少。有一頭豬去踩踏板，另一頭豬便有機會吃到從投食口掉下的食物。所以當小豬去踩動踏板時，大豬可以在小豬跑過來之前將掉下來的食物全部吃光。而如果是大豬去踩動踏板，牠還有機會跑到另一邊吃到一些殘羹，因為小豬的食量有限，吃食的速度也不夠快。

問題 —— 兩頭聰明的豬各自會採取什麼策略呢？

答案 —— 小豬餓幾頓後終將選擇一種守株待兔的策略，牠會一直等在投食口處。大豬則會選擇擔任那個踩動踏板的角色，為了吃上一點剩飯在踏板和投食口間來回奔跑。這是對兩頭豬各自利益的最佳解。

原因 —— 因為小豬不踩踏板能吃飯，踩踏板則一口飯吃不到。對牠而言，不管大豬是否踩動踏板，不踩踏板始終是對牠自己最有利的選擇。牠只需要等在投食口邊就可以，要

麼都吃不上，要麼牠能吃至少一半。大豬即便知道小豬是不會去踩動踏板的，也要自己動手，因為只有這麼做牠才能吃上飯。

換言之，兩頭豬所做出的選擇比人類更理性，牠們在搶食的賽局中取得了平衡，從不合作變成了合作。但如果仔細分析你就會發現，豬在任何時候都是自私的，吃食是牠們唯一的目標，合作只是不得已而為之，是被迫的選擇。人類在合作性的事務中也面臨這種困境，合則兩利，不合則兩敗，於是便從非合作性賽局中獲得了一個均衡值。這就是為何我非常推薦人們在談判中要努力實現次佳目標而不是最佳目標 —— 次佳目標代表著一個良性的合作賽局的結果，使雙方都有一定的收益。

為什麼不可能有「理性決策者」

保羅・薩繆森（Paul A. Samuelson）是第一位獲得諾貝爾經濟學獎的美國人，他的經典著作《經濟學》在全球銷量超過四百萬冊，被譯成了四十多種語言，影響了數代經濟學家。他將數學分析方法和賽局理論引入了經濟學，使當時的美國經濟受益匪淺。他認為，想在現代社會做一個有價值的人，就多少要了解賽局理論。不管是做管理還是做決策，是談判還是經營好家庭生活、婚姻關係，賽局理論都是一個不可或缺的思考工具。

可以這樣說：要想透過談判贏得生意，你不可不從賽局理論中尋找理性；要想戰勝那些狡猾的對手，從談判中保障自己的權益，也要了解和提升自己的能力。

但是，薩繆森在他的演講和著作中數次強調，他不相信世界上有完全理性的決策者，即從動機出發追求合作賽局的人。這正應了我們前述的人性自私的理論，符合了基因進化的背後驅動力 —— 能很好地活下去的人，總是抱有強烈自私目的的人。其中的佼佼者以自私為出發點，促進了有利於自身的合作的發生。他們不認為對方是理性的，不相信任何人，所以才能笑到最後。這個知識基礎為我們的實際決策提供了方向 —— 讓你在進攻和防守間取得平衡。

資訊不對等

我們總是自以為了解對手，正是這種盲目的自信讓人在挫敗中不知所措。打敗你的恰恰是你不了解的東西。更重要的是，對方是否知道你「不了解」或「已爛熟於心」的資訊。很大程度上，談判也是一場資訊戰。誰掌握了最多的資訊，誰就占據了先機。

偵訊室裡的較量是一場資訊賽局，所有地區的審訊部門開始工作前最希望掌握盡可能多的資訊，資訊量越大，所擁有的不對稱優勢就越大。走進偵訊室前，我們會做無數次的

資訊掃描，目標就是發現盲點 —— 有什麼我還不知道的。

　　我採納了一個股市術語「盤整」運用到偵訊中。中場休息是非常重要的時刻，經過上半場的工作 —— 大約 120 分鐘的偵訊和談話，偵訊人員已經發現了對方的優勢和劣勢，也看到了自己手中的武器。同時你也需要糾正臨場錯誤，下半場對目標發動針對性的攻擊。

- 他是一個冒險的人嗎？
- 他行事十分古板保守？
- 他容易憤怒還是不苟言笑？
- 他的說謊技能是否高超？
- 他有無可交換的底牌？
- 他是否想拖延時間？

　　從國家學院出來後，維斯蒂莉的工作經歷了從審訊官到資訊官的轉換。前者專門負責偵訊，後者則提供與偵訊有關的全部資訊，屬於技術支援工作。做審訊官時，她有兩年半的時間在我手下，作為助手參與了一百多場偵訊和對「可疑人員」（尚不需動用強制手段的懷疑對象）的調查談話。我記得剛進組時，她對繁瑣的資料準備工作感到不耐煩：「我們有先進的設備，有數千種讓他開口的方法，何必收集這麼多的無用資訊呢？」

　　她覺得對犯人的家庭背景了解到一定範圍就可以了，比

如至親、同事、客戶關係。如果我花數天時間研究這個人 15
年前在萬里之遙的非洲某小國的一段出差經歷，在資料上畫出
他那幾天的行程圖：坐哪家航空公司的飛機、出境地、起飛時
間、同機乘客、有沒有人接機、住哪家飯店、同時期該飯店入
住了哪些人、他和誰碰過面、去過哪些地方、有沒有打電話、
出入飯店的時間等，維斯蒂莉一定認為我瘋了。但是，這恰恰
能提供我最強大的力量，讓坐在我對面的人無力抵抗。

　　所有人在被訊問的時候幾乎都會對天發誓：「我是清白
的，我很無辜，我沒有犯錯，是有人故意陷害我。」我總是
笑著回應他們：「別再指了，頭頂的燈要被你指壞了。」這
種自信不是源於我手中的權力，而是來自進來之前我殫精竭
慮所做好的資訊收集工作。我對面前的人瞭如指掌，比他們
自己還要清楚他們的過去和他們心中正想什麼。只要我開
口，不出幾個回合，他們就會崩潰。

　　當你擁有了資訊的不對等優勢，談判對象便不知道你了
解他多少，你有什麼底牌，你接下來如何出招。你看他像在
看 X 光機的畫面，他看你則像看一堵厚厚的牆。

　　為了打消維斯蒂莉的顧慮，讓她深刻地明白資訊對於偵
訊是多麼重要，我讓她參與了一次針對布魯克林區某位眾議
院議員幕僚長的偵訊行動。他因性騷擾國會助理接受刑事調
查，又牽扯出很多他與當地企業、海外公司的非法金錢往來
的事情。之前，聯邦檢察官多次約談，他一句話不說。當我

和維斯蒂莉向他出示了一個電話號碼時，他立刻滿頭大汗，坐立不安，說出了所有該交代的內情。這個電話號碼是從一家企業主的國外聯繫人的手機上發現的，正是幫助幕僚長洗錢的某國外機構負責人的電話。我讓維斯蒂莉擔任了此次資訊收集工作的小組負責人，很顯然也收到了立竿見影的效果。這位幕僚長看見這個號碼，馬上便意識到我們已知悉全部並可能已逮捕他的關鍵聯繫人，抗拒變得毫無意義。

為了讓資訊鏈更完整和無懈可擊，我在偵訊或者商業談判開始之前和過程中還會做大量的基礎調查。比如調查這個人自己、親人、朋友、隱形聯絡人名下的資產、消費水準、生活習慣等。做這些事情是很累的，日夜無休，也無比繁瑣，如同大海撈針，但對實現你的目標極為重要。透過一系列頗有成效的行動，維斯蒂莉改變了固有觀念，她愛上了這項工作。收集資訊的過程，其實也是一個改造自我、為自己的資訊鏈修補漏洞的機會。

按照功能，我們可以把資訊分為三大類。

第一類，公開資訊：所有人都能看得到的、包括對手主動告訴你的資訊。

第二類，非公開資訊：從公開管道收集不到，但仍能從非公開管道獲得這些情報，比如從一些關係緊密的個人和機構那裡，他們有儲存著各種資訊的資料庫。

第三類，機密資訊：內部的保密資訊，收集這些情報存有一定的法律風險，但對談判所發揮的作用最大，有時是決定性的，可以化被動為主動，幫你控制整個局面。

按照內容，我們又可以把資訊分為四個部分。

第一部分，和談判有關的資訊：產品類型、價格、週期、預付款與尾款結算條件，客戶對產品的特殊需求等等。

第二部分，和談判對象有關的資訊：性格、特殊愛好、經濟情況、犯罪紀錄、弱點、談判風格，以及不為人知的祕密等等。

第三部分，談判競爭者的資訊：有沒有競爭者出現，他（們）的條件、優勢和劣勢、決策者與談判、公關團隊的基本資訊，需要盡可能詳細。

第四部分，己方的資訊：你的優勢和劣勢、參與者、最高和最低條件、談判計畫中，你能做出的讓步、承諾和所能掌握的資料是什麼。

按照管道，我們可以把資訊來源分為五種。

第一來源，政府、事業、教育機構：公開、權威性的資訊，包括政策、專利、法定價格、研究數據和大眾認可的結論等。

第二來源，行業諮詢公司、中立的研究與經紀機構：從這裡你能花錢買到一些高級、深入、符合現狀並富有前瞻性的資訊，他們也能提供必要的仲介資源，造成輔助談判的作用。

第三來源，由企業或個人舉辦的商業、展覽、公益活動：這類活動創造了一個資訊高度集中、交換和中轉的平臺。你能與很多位高權重的人資訊共享，打聽消息，或從側面了解特定的人。

第四來源，詢問關鍵客戶（聯絡人）：與談判不相關的第三方客戶和聯絡人等，他們能從旁觀者的角度提供看法、印象和關鍵結論。比如：我們會詢問一家企業的客戶「該企業是否誠信」，他們的合作體驗是很重要的依據。

第五來源，專業的資訊調查機構：他們為你追蹤談判對象，做全面的資訊和資料收集。有些調查手段雖遊走在法律邊緣，但能為你拿到真實可靠的第一手資訊，而且是足以一擊致命的資訊。

在大部分談判中，我們用不到這麼多的管道，但遇到特殊而強硬的對手時，從這些管道收集資訊的結果就會在很大程度上決定談判的效果。

意想不到的「人為因素」

坐在你對面的傢伙臉上寫滿了警惕，這是一個再清楚不過的局面。他不相信你，他在找機會吞噬你。無論是安全地脫身還是和他達成交易，你都要聰明地控制這種懷有敵意的對手。

當他表現出一些對你（談判）充滿懷疑和抵制的行為時，你必須及時感知到他的這種情緒並做出有針對性的決策，抓住他在情緒上的這些轉變（突破點）：

- 當對手的抵制情緒和敵意逐漸消失，開始關注你的發言時；
- 當對手開始贊同你的某些觀點時；
- 當談判進入白熱化，而對手有打算放棄準備離場的跡象時。

談判桌另一側的人不是你的敵人，但當分歧嚴重時他們總會敵視你，表現出十足的攻擊性。精明而有控制力的談判人員對這種情況具有敏銳的觀察力，會小心地控制情緒，避免激怒對手。他們在談話中對別人自相矛盾和挑釁的言論有極大的忍耐力，懂得恰當地表述自己的意見，堅韌地維持底線。剛柔並濟的態度在長時間的談判中可以表現出強大的控制力，你要成為這樣一種不生氣、理性平靜的人。當對手有

攻擊性時，我經常用「是否可以這樣」、「在我看來」、「我個人有個想法」等委婉的語氣詳細闡述自己的意見，一直等到對手的情緒緩和。我不會向怒意正盛的對手發起進攻，絕不在那種時刻針鋒相對。強者如水，弱者如剛。我的目的是讓本來相互提防的談判雙方在融洽的氣氛和愉快的情緒下溝通分歧，而不是「拔刀」相向。

控制有敵意的對手，需做好下面三件事：

第一，保持清醒和冷靜。無論發生什麼情況，保持清醒和冷靜是談判人員最基本的素養，這樣你才能保持自己理智的思考和反應能力，避免做出錯誤的判斷和選擇。當你感覺自己思路混亂、心緒不寧和情緒激動時應該設法暫停談判，進入休息時間，給雙方一個緩衝期，恢復自己的狀態再去交換意見。為了做出最佳決策，己方內部也應充分討論，而不是任由某一個人感情用事。

第二，保持正確的談判動機。任何談判都有自己的利益追求，有想要達成的目標。這個目標必須是真正有利於你的，而不是追求虛榮心的滿足或者其他個人的目標的實現，也不要讓談判成為你和對方買賣友情的工具。所以，不管對手如何恭維、挖苦、諷刺、收買以及「賣慘」，你都不能迷失方向，要始終保持正確的談判動機，知道自己是來做什麼的，才能善始善終。

第三，保持人事分開的原則。我從不因為對嫌犯的痛恨而在偵訊中藉機洩憤，也不會由於對方事出有因而對他有意縱容。商業談判中也要遵守這個原則，友誼不能成為合作的加分項，個人私怨也不能成為合作的絆腳石。處理分歧和溝通問題時要對事不對人，不因人廢事，也不因事廢人，遵循「一是一、二是二」的客觀原則。談判不成交情在，交情毀了買賣在。對合格的談判人員來說，保持人事分開原則是一種基礎的判斷力，也是最基本的職業道德。

遇到了「投機性談判」

「害人之心不可有，防人之心不可無」，這是華人常說的一句話。談判中有許多圈套，有些圈套隱藏很深，甚至在你覺得雙方已達成共識時它才突然「露面」，讓你之前所做的全部努力化為烏有。比如：你和客戶敲定了合作流程、售後服務套餐、簽約細節、交貨週期、付款時間等一系列繁瑣事宜，你興奮的傳消息回公司：一切順利！你甚至開始讓同事搜尋一下附近有什麼好吃的餐廳，準備請客戶吃飯。這時，客戶突然告訴你，除非你願意把價格下調百分之二十，否則他不能簽約。

這無異於晴天霹靂，為什麼是這個結果呢？你無法理解，回頭一想，才發現從磋商的一開始到適才的幾個小時

裡，你的客戶並未就價格這個關鍵的問題明確地表態，也並未對報價說出「同意」或「不同意」這兩個詞。當你們就其他的問題事無巨細地溝通和協調時，事實上你陷進了一種成交圈套——你以為對方已經同意了這椿交易，其實關鍵性的談判才剛開始。

這種事情是怎麼發生的呢？

第一，你是否一廂情願地認定交易已經確立、談判只是敲定細節？

第二，你是否被對方語言表達中的某些詞語迷惑：很好、能否、應該、很不錯等？

成交心切的彼得·哈斯

彼得·哈斯是 19 世紀歐洲石油業著名的掮客，他幫助僱主與石油產業的各個環節建立聯繫，從中賺取不菲的傭金。在 1886 年至 1896 年，哈斯迎來了自己的事業巔峰期，10 年間賺到的錢足以在地中海買下一座島。這些錢全部是從談判桌上賺來的，哈斯可謂那個時代最屬害的談判高手。

但是哈斯也犯過重大而且低級的錯誤，因此他說：「你不能太心急，不能太天真，不能對交易太狂熱，那會讓人利用。」有一次，哈斯趕時間從西西里島坐船去倫敦，那時一週只有一班船，他必須準時回到倫敦向雇主回報工作結果，重要的是協議得拿回去。他有點著急了，部分放棄了自己的

談判原則，想在兩天內和義大利的一家石油商簽下合約。當那位石油商像往常一樣提出試探性的條件時，哈斯採納了其中幾條聽起來沒那麼過分的條款，拒絕了另一些。他成交心切，希望最好在一天內拿到簽名同意的合約，對方卻突然改變了之前的態度。哈斯被晾在了旅館，他一邊受到高規格的飲食接待，一邊收到了這位石油商開出的更高的合作條件。這些條件都是口頭傳達的，他對此無可奈何。他是一個從不受要挾和被時間綁架的人，於是果斷離開旅館去了碼頭，登上了返回倫敦的客船。

「談判大師」的尷尬

作為有名的談判大師，哈斯一生中遇到過很多尷尬的局面，在西西里島這次使他終生銘記。後來，哈斯在自己的航海日記中寫下了一段話：「商業談判就像這艘不知何時才能到港的船一樣，陸地尚在遙遠的北方，翻滾的烏雲和凌厲的颶風隨時把船打入海底，舵手卻必須像雕塑一樣鎮定，因為驚慌而急切的船隻都已經帶著所有的船員沉沒了！」

在談判中，你不僅要熟練駕馭語言，條理清晰地組織和闡述合作條款，還要看到那些大大小小的圈套和陷阱。在沒有白紙黑字地寫下名字、蓋上印章之前，所有的承諾都是虛假的，都有可能被一個臨時的變化而打斷，或者承諾本身就是談判陷阱的一種 —— 它可能是為了誘導你做出一個相應

的承諾並且率先兌現，在造成既定事實後又追加有利條件，最大化實現對方的目標。世界紛繁複雜，談判桌絕不是象牙塔，你必須建立防範意識，學習如何洞察和對付這些狡猾的對手，才能實現自己的談判目標。

良性的僵持：正向增益性談判

嫌犯沉默不語或東拉西扯的情況在偵訊室裡時有發生，我有時上班後接到的第一個電話便是下屬向我吐槽：「那個胖子又在假裝生病。」拖延戰術被人類應用於各個方面，拒絕招供是其中一種，但不管嫌犯的演技如何高明，總有支撐不住的那一刻。一旦開口談到核心問題，便會如洪水潰堤，全都抖個乾淨。

人們日常所看到的商業談判一般都在爭分奪秒中度過，誰不想趕緊達成協議一起賺錢呢？人們所嚮往的談判往往也是快刀斬亂麻，雖有口舌之爭，但不會陷入幾個小時乃至曠日持久的對抗。人們羨慕談判高手，也希望自己如他們一樣擁有高效的談判能力。但事實上你聽說的談判高手都是被無數的挫折磨練出來的。在各式各樣的挫折中，最讓人無法容忍的便是你付出了大量的時間，投入巨大的期待，對方卻無動於衷，用消耗時間的方法摧毀你的耐心。當你再無法忍受時，就有可能匆匆答應對方的某些不合理的條件。

　　美國的汽車大王亨利·福特對汽車業貢獻非凡，他是第一個將小汽車正式命名為「轎車」的人，也是世界著名品牌「福特」汽車的創始人。他白手起家，從一文不名到億萬富豪，從普通平民到工業巨子，他的個人奮鬥經歷已成為眾多年輕人和創業者所推崇與效仿的傳奇。他留給人們的不僅是和汽車有關的東西，還有對於商業談判的深刻認識。他的一生參加過很多高難度和意義重大的商業談判，擁有豐富的談判經驗。無論遇到什麼類型的對手，他總能採取恰當的方式贏得自己的利益和對方的好感。

　　福特說：「耐心是無價之寶。」有一次，福特應邀和當時美國西部最大的汽車經銷商之一菲力特公司的老闆查理商談獨家代理權的事宜，他準時到對方的公司後，發現查理還沒到，而且對方的祕書告訴他：「查理先生臨時有事，至少一個小時後才能過來。」福特公司那時剛崛起不久，實力不強，福特也還未確立自己汽車大王的地位，他能諒解對方的傲慢，但他更看出這其實是一種談判策略。因此福特絲毫沒有生氣，坐在會客室安靜地看報紙，一直到查理在六十五分鐘後推門進來與他握手。福特的耐心贏得了對手的好感，查理在耗了三個小時後，終於同意了福特的條件，兩人從此開啟了長達六年的合作。

以靜制動，清除障礙

美國著名談判專家 D. 柯爾比也講過一個案例：他和某公司的談判已近尾聲，就在即將達成協議時，對方負責人卻突然改變態度，提出了新的要求來拖延正式簽名的時間。儘管協議是雙方的團隊反覆討論很久才敲定的，對方仍然對其中的一些條款挑三揀四，又使談判重回僵局。他對此當然非常困惑，因為對方負責人絕非那種蠻不講理的人，而且這個協議對雙方肯定都是有利的。那麼，該公司為何要這麼做呢，他們不怕耽誤自己的寶貴時間嗎？

想到這裡，柯爾比沒有急於指責對方，而是「以拖延對拖延」，建議推遲此次談判。之後他從各方面收集資訊，終於知道了問題所在 —— 對方覺得從這份協議中所獲得的優惠相比起來是較少的。換句話說就是感覺不公平，就算價格能夠接受，也不想這麼草率就把合約簽了。在這種心理的影響下，談判擱淺了。找到了原因，柯爾比就有了解決的辦法。談判重開後，他和對方再次仔細核算，使這位負責人知道雙方從合約中得到的利潤大致上是相同的，很快便正式達成了協議。

保持溫和的狀態是讓談判成功進行到底的關鍵。很多成功的企業家在和商業夥伴談判的過程中總能展現自己最大的耐心，他們平靜、溫和，充滿智慧，看不出任何想要和人對抗、分出勝負的痕跡。相反，他們在談判中如同與老朋友聊

天，這種柔和的力量反而能搬開障礙，化解談判中的種種問題。從對方的角度看，他們是最厲害的談判對手，全身上下找不到一點破綻。

以靜制動的做法首先是為了給自己爭取思考的時間 ── 他為何拖延不決？是我方的錯誤還是他的問題？下面我該如何調整，是否需執行備用計畫？要化解對方的拖延，我們先要適當拖延表態的時間，以便有備無患。其次，對方拖延有時是為了激怒你，逼你亮出底牌或露出其他破綻。這時候更要耐住性子，不急不躁，你坐得住，對方就會坐不住。

惡性的僵持：負向消耗性談判

分析問題，打開局面。柯爾比曾說過：「人的每一個動作都不是無意識的，人的每一種選擇都有它特定的含義。」越是談不下去，越要分析問題出在哪裡。在複雜的商業談判中，人們過多地考慮到自己的利益，但對方對此是十分牴觸的，會採取你能想到、想不到的任何方法予以還擊。在我看來，如果你不先將對方的心理障礙清除乾淨，即使談判大獲成功，將來也會再出問題。進行深入的分析，才能打開僵持的局面。

尋找機會，進行突破。為了讓對方沒有藉口繼續拖延，我們必須仔細觀察對手的破綻，看他是否會在問題的處理上留下一些紕漏。談判中隱性的阻礙很多，要搬開這些阻礙就

得抓住對手的弱點 —— 他能經受得起時間的消耗嗎？他的現金流充足嗎？他拒絕這次與你的合作之後是否有其他的合作管道？只要有一項的回答是否定的，他的拖延戰術便是暫時的，很難持久。要懂得收集情報和分析此類問題，才能從中找到突破的機會，打開談判的局面。

▌邁出破冰的關鍵一步

一九七〇年代以阿衝突期間，有一位美國律師採訪埃及總統賈邁勒·阿卜杜-納瑟（Gamal Abdel Nasser）：「您希望以色列總理果爾達·梅爾夫人（Golda Meir）怎麼做？」納瑟·海珊答：「從阿拉伯國家的每一寸領土上撤走！」律師又問：「是無條件撤走嗎？以色列從你這裡能得到一些東西嗎？」納瑟·海珊答：「他們什麼也得不到，因為這是我們的領土！」

律師想了想又問：「假如果爾達·梅爾夫人明天早晨告訴以色列人，她宣布以色列將撤出自 1967 年以來占領的每一寸領土，包括西奈半島、加薩地帶、約旦河西岸、耶路撒冷還有戈蘭高地，而且她本人沒有向阿拉伯人提出任何條件，接下來會發生什麼呢？」

納瑟·海珊聽後不禁開心地笑起來：「那麼她在國內一定有大麻煩！」說完這句話，他立刻意識到自己向以色列提出

了一個完全不具備可行性的方案，他不可能自己拿走全部的籌碼而讓梅爾獨自一人喝西北風，這只能激怒對手。因此，他不久便宣布同意和接受停火。

談判不是製造衝突，而是解決衝突

納瑟‧海珊的回答是「對抗性談判」的典型表現 —— 我提出的要求在達到目的的同時，還刺激了對手敏感的神經，遭到強烈的反彈，於是談判不可能結出好果子。在梅爾看來，無條件撤軍的要求無異於是在告訴以色列人：「來吧，我們打一場地獄戰爭吧，打到最後，看誰能活下來！」這種要求不是在解決衝突，是在逼迫雙方走向戰爭。

將衝突搬上檯面和激化是典型的自找麻煩的舉動，你坐下來談就是為了激怒對手然後獲得心理上的滿足嗎？那一瞬間可能很爽，但問題不但解決不了，反而惡化了，甚至變得難以協調。在對抗性談判中，就連爭議極小的條款也談不下來，磋商止步不前，雙方沒有勝利者。記住，談判的目的是解決衝突，不是製造衝突。

然而，不去對抗不代表我們的心底十分平靜，當你心中的想法已經出現了落差，衝突和對抗便已經存在。比如：就算你忍辱負重，從沒開口要求加薪，只要你覺得薪資太低，你和上司在薪資水準上的認知就存在差異，衝突業已存在，早晚會爆發出來。為了避免內在的衝突演變成談判時的對

抗，首先要調整自己的認知，接受現狀，即理解對方的看法；然後採用談判的方法改善現狀，即讓對方聽聽你的看法。對抗性談判的順序是與此相反的，先要求對方聽自己的看法，最後才願意聽一聽對方的觀點。能夠解決衝突的談判一定是柔性的，是在換位思考的基礎上達成的彼此理解、互相滿足的溝通。如果該談卻不談，或者該坐下來談的卻站著吵，衝突只會持續下去。

調解人

當「對抗性談判」已不可避免，而你面對這一局面無能為力時，唯一的辦法就是在談判雙方間增加一名調解人（專業的個人或機構），讓第三方進來充當仲裁和引導的角色，幫助你們重新找到正確的方向。這一機制的觸發條件是：由於談判雙方就某個議題僵持不下，始終無法取得進展，大家都感到失望，也沒有突破僵局的辦法，以至於雙方一致認為再繼續談下去已經沒什麼價值。假如這次談判對雙方都非常重要的話 —— 成功的收益極高，失敗的損失極大，就有必要引入調解人。

調解人在談判中所發揮的作用不是裁決誰對誰錯，也不是告訴雙方必須怎麼做，而是運用自己的經驗幫助雙方達成一個都可以接受的解決問題的思路，尋找到那個隱藏很深的突破口。作為 FBI 的培訓官和華盛頓地區審訊部門的負責

人，我曾多次介入一些找不到突破口的高難度偵訊，在嫌犯和偵訊人員之間擔任調解人這一角色。我的工作是指導偵訊人員繞開嫌犯的思想壁壘，同時告訴嫌犯如何才能達成一個對他最有利的交易。維斯蒂莉在 FBI 後期的工作中也涉及了這方面的工作，她參與了對特區連環殺手羅納德・滕森的追捕和談判。當滕森走投無路被圍堵在郊外一間加油站的超市時，他持槍挾持了三名人質。FBI 和警察用了六個小時也找不到行動的時機，維斯蒂莉作為談判官孤身一人進入超市，和滕森交談了半小時。

「我不是去要求他放下槍投降的，我不會這麼做，我只是想去聽一聽他有什麼尚未被外面的這些人滿足的條件。然後我告訴他，只要這件事情可以和平解決，別傷害人質，我一定可以幫他降低刑期，幫他從聯邦政府那裡換取一個不壞的交易。」在維斯蒂莉的勸說下，滕森的情緒逐步穩定下來，他先後釋放了兩名人質，現場的火藥味減輕了。到傍晚 7 點時，滕森把槍扔出來，選擇了投降。

在引入調解人角色時，談判雙方通常對這一角色持有懷疑態度 —— 他是我這邊的嗎？還是另一邊的？他們不一定認為調解人是公平的，就像人們在法庭對法官裁決的質疑一樣，罪犯總覺得法官是警察的人，是自己的敵人。但為了降低談判中的對抗性，引入這一角色仍是極為必要的，只要雙方對此達成了共識，願意讓第三方參與談判。

　　一旦雙方成功地達成了某種共識，就應該馬上擬定書面協議，並且儘快簽署。我建議談判者及時將結果落於書面，以免夜長夢多。有時候，我們還會讓第三方幫忙審讀合約，修改條文細節。但我不倡導調解人介入起草合約的工作，即使他是律師也不行。調解人在對抗性談判中承擔的任務如下：

　　第一，讓你們結束對抗，重新交談；

　　第二，讓你們同意各自做出一定的讓步；

　　第三，讓你們在一個可控的環境中發洩情緒；

　　第四，讓你們不再感情用事，將注意力重新集中到眼前的問題上；

　　第五，讓你們相信他有能力幫助雙方達成協議；

　　第六，讓你們看到一個較為樂觀的結果，並認為這麼做是有必要的；

　　第七，讓你們進一步認識到雙方的共同點，不再一味地強調分歧和衝突；

　　第八，讓你們心平氣和地提出自己認為可以接受的方案；

　　第九，讓你們重新建立信任，特別是對未來遵守協議的信心。

「誰贏了」是一個愚蠢的問題

　　在互相對峙的局面中，還在思考「誰能贏」和「誰贏了」的人會是談判的贏家嗎？我認為一定不是。事情快要搞砸的時候，沒人是倖存者。當你從一次失敗的談判中走回家，靜下心來計算得失，你會突然醒悟：「除了狠狠地罵了對手一頓，為自己出了一口惡氣，我好像沒得到什麼有用的東西！」

　　一九六○年代，一個美國人帶著他兒子在倫敦的一個公園玩飛盤。飛盤當時在英國是罕見之物，沒幾個人玩，所以不久便吸引了一群人圍觀。圍觀了一個小時後，一名英國人終於忍不住了，走上前問這個美國人：「打擾一下，我看你們玩了半天，到底是誰贏了？」

　　這個故事在 FBI 國家學院的課堂上被拿來講了無數次。原則上，對抗性談判中總有一方可以笑到最後，區別只是誰的損失更大。但實際上在大多數情況下輸和贏取決於雙方對待談判的態度 —— 你真的理解對方在講什麼嗎？你是希望自己成為參與者還是旁觀者呢？就像那名不懂飛盤的英國人一樣，假如你不了解對方的遊戲規則，思考輸和贏便如同三歲孩童一般幼稚。

　　還有，在一樁失敗的婚姻中究竟是誰贏了呢？與其和那個不合適的傢伙爭執一輩子比誰先死掉，不如從第一步就

避免做出錯誤的選擇。繞開這類談判的陷阱，關係到選擇正確的談判內容和方式，如何處理彼此的關係、共同的利益和分歧。只要你有心與對方達成和解，總能找到一條不算壞的路徑。

第二章

應變 —— 如何調整我們的談判計畫

為使僵持的局面獲得實質性的改善，我們有時需要
立刻調整談判計畫，有時則完全不需要

章引：你憑什麼能控制局面

唐納德·戴爾（Donald Dell）是美國經紀業先驅和偉大的運動行銷人員，他寫有一本談判領域的驚鴻之作《永遠不要做第一個出價的人》（Never Make the First Offer）。在此書中，他提到了自己與網球拍品牌商海德（Head）公司的新任董事會主席之間的一次氣氛緊張的談判。海德公司之前對戴爾的明星客戶、美網和溫布頓網球賽的冠軍亞瑟·艾許（Arthur Ashe）許諾過，艾許可以擁有所代言的海德產品所有銷售額的5%的抽成。但是在新一輪談判中，該公司的新主席怒氣衝衝地叫嚷道：「這太過分了，我是這家公司的主席，那個運動員的收入竟然是我的10倍之多！」

令戴爾擔憂的事情發生了，對方想悔約。談判中最讓人害怕的情形是出現了一位憤怒的決策者，這將讓一切經過縝密探討的約定和承諾變得不那麼可信，也讓未來所有事宜的溝通多了很多不確定因素。人們頓時鴉雀無聲，看著戴爾，看他如何回應。局面失控了，戴爾如何反應呢？他是妥協還是針鋒相對，是尷尬還是不悅？和一般人預料的相反，他回答道：「是的，可是艾許的發球技術比你好多了！」

這句話讓人們大笑起來，氣氛頓時緩和，海德公司

的新主席也不禁露出笑意，雙方繼續談判。最後，他們僅對抽成的百分比做了一些細微的調整，沒有改變協議的核心內容。戴爾用自己的經歷告訴我們談判是如此之難，而控制局面又是如此複雜的工作，即便一個很小的失誤也會讓你前功盡棄，抑或失去主導權。我們要擁有足夠的應變能力，要沉著冷靜，從容不迫，也要見招拆招，只有這樣才能控制全局。想做到這一點，光是風趣的口才或強大的心理是遠遠不夠的，我們還需要擁有更多的技術——專業而犀利的情報分析、準確而有效的心理操控以及超乎尋常的耐心。

應變，需要先跳出經驗的深井

　　人類的行為是自己或群體思維的結果。這表明了一個頗讓人無奈的事實：一個人走路掉進了井裡，一定是他自己的責任，與這口井無關。想做正確的事情並把事情做對，就要在思維上認清這一點：世界不是圍著你轉的，而是你要服從世界的規則。讓自己跳出思維的局限，提升思維的高度，在談判中發現新的突破口 —— 擁有出奇制勝和扭轉局面的能力。

有的經驗讓你失敗

　　我們不管處理任何問題都會形成並依賴慣性思維 —— 這件事過去我是怎麼做的？過去有效的辦法今天我仍會使用。不只在談判的場合，大量的工作場景中就連那些卓越的成功者也是慣性思維的牢籠中的一員。他們因經驗而成功，但也因經驗而停滯不前。慣性思維就是由單純的經驗造成的，人們在做事的過程中獲得了某一項經驗之後，在遇到同等或者類似的情形時便不自覺地運用這種經驗，節省時間和大腦的消耗。這是一種本能，是進化教授給我們的智慧。

　　但如果做事時產生的經驗比較單一，性格又比較保守，就會形成一種慣性思維。遇到類似的問題時，便會不由自主地採用過去的經驗做出判斷和選擇。經驗在指引人的行為的同時，也阻礙著人的創新思維，會使人在解決問題時很難突

破舊思路的框架，從另一個新的角度尋找解決方案。這當然是難以避免的，是事物的兩個方面，想要消除經驗帶來的消極影響是不可能的，除非你不再獲得和運用經驗，但我們可以從經驗內部創新思維，改善策略，靈活地開拓一條新路徑。

跳出經驗的深井

有一次我代表某企業跟美國一家進口商談判，該企業要向美國出口該國東部沿海地區的手工藝術品，每年總額約8,000萬美元，將來有可能達到2億美元的規模。美國這家進口商提出：「所有的商品都要在售後3個月內結算。」這個條件頓時讓這家企業停止了談判，因為沒人會答應如此苛刻的要求，這意味著一旦美國進口商拒絕結算，該國就會有無數企業因資金鏈斷裂而倒閉。

我的團隊跟美國公司進行數次溝通後，覺得他們態度強硬，根本不想妥協，正面說服是不可能的。於是，我建議我代表的企業先發一封電子郵件通知美國公司，就說已經找到了新的進口商在商談，暫時沒有與其合作的必要了。這是慣性思維，有時有效，有時沒有，但我們需要試一下。果然如我預料的，美國公司似乎並不在乎，回了一封郵件，內容是：不論你們有多少代理商，我方的條件都是不變的，沒有商量的餘地。

　　怎麼辦？這家企業的董事長有點著急了，他說：「實在不行就答應對方的條件吧，總不能讓競爭對手搶了先機，要知道許多出口商手握大訂單，都想進入美國市場，再等兩個月，可能煮熟的鴨子就飛了！」看到了嗎？這恰好是你的談判對手想看到的局面，讓你著急，讓你害怕失去機會。你會上當嗎？反正我不會。這時候你需要一點跳躍思維，而不是被困在眼前的局面中。我說：「那就再等兩個月，不要著急，正常人這時會拚命想辦法主動去溝通，因為害怕失去機會；但你越是這樣就越被動，說明你需要對方，條件是談不下來的。」

　　然後我做了兩件事：第一，透過美國的合作機構向全美有進口資質的公司發出了一份商品代理磋商協定的邀約，這份邀約是向全世界公開的，並在《洛杉磯時報》刊發了由一位知名商業記者撰寫的新聞稿；第二，完全關閉與這家美國企業的談判通道，撤回了在美人員。我把該美國公司排除在了談判的大門外，然後廣發英雄帖。就是這麼簡單的做法，使得談判形勢突然峰迴路轉。大概兩週後，那家美國公司的副總裁就飛到這家企業的總部。他帶著誠意而來，不僅願意取消之前的苛刻條件，還希望走訪一下沿海各地的產品廠房，詳細了解未來的合作前景。

　　想要避免慣性思維造成的僵局，不僅需要你多增加經驗，也要求你用開放的眼光看待談判，尋求新的思路。在實際的談判工作中，一定要常總結、常思考、常反省。總結過

去的經驗，把可以沿用的智慧整理成筆記，經常翻出來看看，把需要改進的思路整理成文件單獨影印出來，放到醒目之處。要用旁觀者的角度思考我們過去的談判經驗，認真地拷問自己目前還存在哪些問題，找到新的方向。

最後，也要多和你的同事溝通，從他們的工作方法中吸取有益的經驗。每個人處理問題的方式是不同的，你沒想到的地方，可能別人早已想到而且已有了對應的策略。借鑑他人的思路，是一條跳出思維困境的捷徑。

▎單一管道的資訊不可靠

有的人在談判中會故意透露假資訊，誤導對方的決策。在時間緊張時，你可能來不及確認消息的可信度便敲定合作，做出錯誤的承諾。這種事情經常且必然發生，是因為人們總是願意相信那些透過「非正當管道」得來的資訊。這些假消息對你的判斷和決定有著重大的、決定性的影響，甚至遠遠超過了你花費時間和精力收集到的真實數據所造成的作用。

天夢公司的銷售人員卡羅正在向矽谷河馬科技的董事會做介紹。他相信沒有競爭對手能夠提供比自己更低的價格，並且充滿自信地認為對方一定會接受 180 萬美元的報價。突然，他發現一位董事寫了一張紙條給另外一位董事，然後那位董事點了點頭，把紙條放到了桌子上。卡羅頓時很好奇，

他知道那張紙條非同尋常,自己一定要看到那張紙條上究竟寫了些什麼。等說明結束之後,他便靠近兩位董事,把身子歪到可以看清紙條的角度,一邊問:「請問還有什麼問題嗎?」一邊瞅著紙條,上面寫著:亞馬遜公司的報價是170萬美元,建議拒絕天夢。

卡羅不由自主地腦門直冒汗,天夢當然不能與亞馬遜相比,而且人家的價格還低。他無暇思考,河馬科技的董事長已經開口了:「先生我有一個問題,你們的價格看起來太高了,而技術實力又不如亞馬遜,產品當然也不如。我想沒人不希望和一家好公司合作,特別是價格令人滿意的話。那麼,180萬美元是你們的最低價嗎?」一分鐘內,卡羅就把價格降到了165萬美元。

走出河馬科技的辦公室,卡羅才回過神來,那張紙條到底是真的,還是那位董事故意透露出來的假消息呢?他摸摸自己的腦袋,對著天空自嘲地笑了笑。在需要他做出決定的那一刻,儘管那只是一張字跡潦草的紙條,可他還是寧願相信它是真的,他沒時間驗證,因為他必須做決定了,即使要承擔上當受騙的風險。回到公司他徹底檢討了自己,在談判前的準備過程中,他們拿到了河馬科技的底價,也列出了競爭對手名單,上面沒有亞馬遜。他顯然被騙了,因為他是透過非正常管道獲得這條資訊的,也是在一個不正常的情境中接收到這條資訊的。

　　但是卡羅永遠不會聲張此事。對方並沒有直言相告亞馬遜的報價，是他自己偷偷摸摸地看到的，最終的決定也是他自己做出的。所以他只能啞巴吃黃連 —— 有苦說不出。就像無數位缺乏經驗的銷售人員和商務談判者一樣，他輸在了對於資訊的判斷力上。一些談判高手善於製造類似的虛假消息，刺激對手出於「害怕失去這單生意」的心理而快速妥協。

　　第一，永遠不要急於回應未經確認的資訊。卡羅就沒有辦法對付這種招數嗎？最有效的策略就是，凡是在即將做決定時對突然出現的資訊均不予理會，至少未經確認前不要急於回應。毫無疑問，在談判過程中我們絕不能僅依靠對方告訴你的資訊進行臨場判斷，這是一條鐵律，否則你將處於非常不利的境地。卡羅可以按照原定計畫等待河馬科技的答覆，對那張紙條視而不見，這時進退兩難的便是對方了。

　　第二，從其他管道補充和驗證資訊。發現對方故意透露出某些資訊時，你就一定要警惕了。這說明他們想渾水摸魚，利用這種並不光明正大的伎倆占你的便宜。你可以暫停談判，為自己爭取哪怕幾分鐘的時間，從自己的管道和其他人那裡驗證資訊的真假，補充其他資料作為參考。對方並不差這幾分鐘，等確認消息為真再做決定也不遲。

你憑什麼自信

1998 年夏天的一個黃昏，我獨自走進偵訊室。我面無表情，不發一言，只是轉動著手中的鋼筆，默默地看著坐在對面的羅德里‧卡森。2 分鐘後，他問：「我臉上有條龍嗎？」5 分鐘後，他坐立不安地想站起來，鎖在腰間的鋼圈提醒他已經失去了自由。8 分鐘後，他憤怒地咒罵。又過了 3 分鐘，他開始心平氣和地招供。

假如卡森面前是另一個人，比如因他的欺詐行為而在高盛證券損失慘重的投資者，他有一套高明的話術可以駕馭場面。沉默在他看來是「不自信」，質問在他看來是「恐懼」，憤怒在他看來意味著「需求」。他在受害者面前有無窮的信心，他相信這些人在知識儲備和資訊分析能力上絕非自己的對手。但在我面前，在 FBI 華盛頓分局的偵訊室，卡森的位置發生了轉換。我們掌握資訊、時間和技術偵察能力方面的絕對優勢，而他除了自己做的那點兒事外一無所知。資訊就是力量的泉源，握有這種力量，你就能控制局面。

你的底氣和底牌是什麼

談判是兩方或者多方希望透過協商解決某種衝突、實現某種合作的過程。很多領域需要談判，如警察和犯人，公司與工會，企業與客戶，創業者與創投公司，產品的購買方與

銷售方等等。所有類型的談判都具有相同的本質 —— 你能否成為一個贏家而不是輸家。贏或輸既取決於你的談判技巧，又取決於你控制局面的能力。底氣是自信，底牌是實力。在此之後，才輪得上談判技巧發揮作用。贏得談判既憑自信，也憑實力。

掌握主導權的人能控制住整個局面，只有成為控制局面的人才能夠引導談判向利於自己的方向發展。卡森在普通投資者面前是控制者，但在 FBI 的偵訊室卻是被控制者。人們在談判中的位置會因實力的對比而隨時發生變化，也因底氣和技巧的對比而有所調整。無論你從事哪一個行業，哪怕只是一個普通業務人員，也要修煉自己在談判方面的能力，找到自己的位置，展示自己的力量。

實力很難在短時間內提升，這是一個必須接受的事實。有些人在社會上混了三十年，練就了出眾的口才，擁有淵博的知識，而他的談判能力也可能依舊平庸，是因為他可能選擇了一個實力為王的領域，在某些問題上能贏下談判靠的就是硬實力，而不是三寸不爛之舌，比如科技產業的併購談判，國家與國家之間的商業和政治洽談。但在另一些領域，自信、口才和靈活應變的技巧則能造成主導作用，比如融資、銷售、偵訊等工作。

每個人都要增強自己的底氣，找到自己的底牌。除了最大限度提高自信，也要擁有優秀的自我控制能力，在談判中

熟練控制情緒，根據自己的意願做到進退自如，用自身不凡的氣場震懾對方，控制談判的節奏。一旦擁有這樣的能力，你就能從容地應對那些不友善的強者。你可以根據形勢決定是否退後，採取下一步行動，避免局面的失控；你也能輕鬆地駕馭弱者，與之優缺互補，實現雙贏，或使自己的利益最大化。

總之，請務必使自己擁有從容的心態，在談判中輕裝上陣。一個態度開放和開明的人是力量最強大的人，他對外界會表現出一種無與倫比的接納能力。他能夠接受最壞的局面，包括想像不到的糟糕場面。這樣的人不僅是談判桌上的勝利者，也是人生的贏家。

選擇太多不是一件好事

一個有趣的現象是，當我給了卡森幾個簡單的選項時——「A. 認罪坐牢；B. 多倍罰金減免刑期；C. 供出重量級共犯；D. 自己攬下所有罪名」，他身上的保護色漸漸褪去，眼睛裡反而沒了方才的狡詐和傲氣。為什麼人在從多種選擇中挑出最佳選項時是最容易犯錯誤的時候呢？心理學家對此也沒有定論。你只需知道，別讓自己陷入這種境地就可以了。

在傳統的談判理論看來，人擁有的選擇越多，就越容易得到自己想要的。不管是為了薪資、合作專案或情感而談判，有選擇都是一種優勢。比如：一名 MBA 畢業的求職者

與應徵公司談判時，可以拿收到的其他公司的邀請作為籌碼。你擁有的選擇越多，對方的壓力就越大，最後就能得到一個較好的談判結果。但據我們的研究，這方法並非總能幫到你，也不是時時有效。我們在 FBI 與高德調查公司中做了大量的實驗，有充分的證據表明 —— 帶著多個選項進入談判會使一個人的決策產生偏見或有優柔寡斷的傾向，甚至會損害自己的協商能力。

反向決策 1：為什麼不需要調整計畫

當情況比較複雜、做出明確表態的風險上升時，裝傻是上策嗎？比如說用一些模稜兩可的話語搪塞對手，或者用有些曖昧的表態為自己爭取時間。對於談判高手來說，在你碰到喜歡欺騙和試探的對手時，就有必要讓自己變得不那麼聰明。你必須假裝自己比對方懂得更少，你要裝得根本沒有決定權，或者你需要時間進行嚴肅的思考等，最終的結果可能是有利的，能幫助你識破對方的詭計。

除非一個人的智商低到讓人難以置信的地步，比如他的表演一眼就被人看穿了，否則這麼做一定是有效果的。在大多數情況下，人們總是對那些無法自我決定和思考時間很長的人束手無策，人們只能在一定的時間內聽之任之，並且放棄一些自作聰明的手段。在談判中裝傻的一個好處就是，可

以部分地消除對方心中的競爭心理。人們不太可能挑釁和貶低一個向自己徵求意見的人，也不可能攻擊一個謙虛、低調和請求指導的人，儘管明知這是假裝出來的。人們對弱者不一定會有同情心，但大部分人也不會有仗勢欺人的舉動。

與此相反，一旦你無法控制自我，並且開始裝出一副成竹在胸和老謀深算的樣子時，實際上便將自己放到了一個非常不利的位置上。你越是表現得一切盡在掌握中，就越有利於對方給你下圈套。檢查一下，你有下面這些表現嗎？

★ 喜歡迅速而且是當場做出決定，不爭取一些時間想清楚；

★ 談判中獨斷專行，同事的建議對自己的決定毫無影響；

★ 自以為是，很少諮詢專業人員的意見；

★ 過早暴露自己的要求，並且談判中不加以更改；

★ 上司也影響不了你的決定；

★ 對談判過程不做紀錄，認為紀錄沒有回溯的價值。

我希望你非常清楚地知道在談判過程中表現得「曖昧」一點可以為自己創造優勢，通常的做法包括：

★ 不明確或急於表態，希望對方給自己足夠的時間，利用這段時間思考交易的風險，以及自己還有多少機會提出進一步要求；

★ 為了爭取推遲決定，可以告訴對方自己需要徵求法律或技術專家以及上司的意見，無法當場給出具體的承諾；

★ 在不得不回覆時，先給出一個方向性的回答（承諾），別輕易涉及細節和具體的條款，這樣能在不製造任何反抗情緒的情況下給對方施加一定的壓力，有可能爭取對方的讓步；

★ 做談判筆記，可以隨時查看與回溯，從筆記中獲得更好的思路，同時也能為自己爭取時間，做出最好的決定。

「曖昧」策略正被世界各地的專業團隊採納，但需要提醒的是，一定不要在自己的「專業領域」上裝傻。對方不是傻子，他們會把你的行為認定為挑釁。談判中使用曖昧策略的一大前提是，雙方必須能夠充分地理解對方的根本需求，學會站在對方的立場考慮問題。我們當然可以透過一定時間的裝傻或逃避責任來獲得優勢，但如果你一心想這麼做到底，你們就不可能達成任何協議。因為這只能激起對心中的競爭和較量的情緒，加劇雙方的矛盾和分歧。

反向決策 2：你還了解這個人多少

正如前面所言，我們的對手所做出的承諾不一定是真實的，有數據顯示，86％的第一次出價都有試探的目的，隨之做出的承諾也有相當大的灌水成分，你大可將之視為一句廢話。這是因為他們根本不會兌現，除非你完全同意某些「屈辱」性質的條件，比如漫長的會計期間、隨叫隨到的售後服

務等。這些統稱為「虛假承諾」，透過故意出假價或者假意給予你一些優惠來誘導你做出實質性的讓步，從而控制談判的過程。

有些人的運氣實在是很糟糕，長久以來他們都是談判破裂和虛假承諾的受害者。比如為商家提供產品推廣服務的中小企業和工作室，這些創業實體大量存在，生存處境艱難。他們經常是跟大企業合作中的受害者，對誇大、承諾性描述和虛無的願景規劃缺乏抵抗力。這不是說他們沒有發現能力，而是明知有假也很難在談判中拒絕這樣的合作條件。

這表明：

第一，洞察對方承諾中的水分不需要高深的技術。要相信自己的直覺，當腦海中有一個聲音勸告你：「喂，別那麼衝動！」你就要意識到這是一個有問題的承諾了，很可能隱藏著陷阱。你可以問自己：「他憑什麼兌現這個承諾呢？」別相信任何違背其「利益最大化」原則的承諾。

第二，防止受害的根本在於增加有效的第二選擇。選擇太多不行，選擇太少也不好。別無選擇的人往往無力抵擋對手的欺騙伎倆，因為可能只有合作這一條路，你必須承擔風險才能賺得小小利益。現實的商業鏈中這種現象到處都是，處於低端產業鏈的人和公司由於沒有第二選擇而受制於那些大公司。增加有效的第二選擇，才能從根本上擺脫受害者的角色。

　　第三，識破對方的動機後還要堅持本方既定的計畫。如果你是一個意志不堅定的談判人員，即便擁有洞若觀火的智慧也難免糊里糊塗被對方的虛假承諾欺騙。你可能產生一種「雖然我不相信他但我想試試看」的心態，隨意動搖自己的原則，後果是非常可怕的。所以制訂了談判計畫就要堅持，就像優秀的交易者總是能堅決執行既定交易計畫一樣，談判也不例外。

▍針對「投機性談判」的應對方案

　　福斯汽車和福特公司前幾年就汽車產業的策略合作舉行洽談時，雙方展開了一系列的「投機性談判」，即嘗試性地提出一些要求和條件，看能否組建策略聯盟，共同開發自動駕駛和電動汽車。目的是緩和本田公司以 27.5 億美元入股通用汽車的自動駕駛部門所帶來的衝擊。因為本田想和通用領先一步占領市場，福斯和福特面臨的壓力越來越大，尤其在福斯汽車發生了柴油排放汙染的醜聞的背景下。

　　福特公司的高級主管尚克斯對此次談判的態度是：「我們正在盡快完成工作，因為我們都在努力提高每一家公司的業績。所以，我們正在努力弄清楚，並且盡快開始真正的合作。」福特和福斯在技術和產品兩個方面都有自己的期待和「條件區間」，談判中不能過早亮出底牌，必須不斷試探以

確定哪種方式對各自是最為有利的。所以，雙方都沒有透露達成協議的最後期限，也沒有及時披露最新進展。在很多相關消息中，我發現很多都是透過新聞管道有意洩露出來的，比如「全面合併」和「交叉持股」的可能性，明顯是一種試探。既試探市場的反應，也試探對方的態度。

天真無邪的孩童對誰都沒有戒心，有話直說，童言無忌，孩子的世界沒有試探一說。成人的世界不同，商業合作中對方的底價、時限、權限及最基本的交易條件等屬於機密，不可能完全告訴你。就連情感世界中我們和最愛的人也往往會不斷地試探，而不是互相坦誠，可見成人之間的合作有多麼複雜！誰摸清了對方的底牌，誰就有較大的機率贏得主動，因此在談判時雙方都會拋出一些試探性的條件來掩護自己的真實目的。有的資訊是真的，有的資訊則是假的，只有學會分辨，才有機會得到理想的結果。

必要的火力偵察

我們可以在不清楚對方的真實意圖時藉機主動拋出一些具有挑釁意味的話題，看對方如何表態，然後根據他們的反應做出判斷，分辨他們之前的態度是真是假。火力偵察的目的是探知對方的底牌，減少損失的同時盡可能擴大自己的收益。

某企業打算向德州儀器公司採購一批設備，提出了幾種不同的意向產品，並且詢問這些品種各自的價格。德州儀器一時搞不清楚對方的真實意圖，因為對方這樣問既像是在打聽行情，又像是在談交易的條件。德州儀器的銷售總監勞萊普斯先生面對該企業的要求心中有些矛盾，如果自己據實回答，萬一對方並不想下單而只是試探，自己豈不是居於劣勢；可如果敷衍應付，那可能會錯過一筆非常大的單子，說不定這家企業是想長期合作，屆時德州儀器的損失一定很大，自己承擔不起錯失大客戶的責任。

勞萊普斯並沒有說實話，他要反客為主，先探聽對方的虛實：「我們的產品品質非常好，但我擔心你們貪小便宜，看價格下單。」這個回答是很厲害的，為什麼呢？因為人人知道便宜無好貨，貪小便宜的企業往往也沒有出息，這是一種帶點蔑視的回應，還有點挑釁的意味。

這個回答的好處還在於，只要該企業一表態，勞萊普斯就很容易地摸清了對方的底牌和對方的真實想法。如果該企業重質不重價，就會直接談及品質，不怕出高價；如果該企業對價格很看重，就會表露出在價格上再談一談的意圖；如果該企業兩者都不管，而是急於成交，口氣迫切地要商定供貨和付款的細節，則說明對方急缺該產品，那麼德州儀器就擁有了談判桌上的時間和價格的雙重優勢。透過簡單的火力偵察，勞萊普斯就可以確定自己的談判計畫而不至於犯錯。

利用錯誤

在某時裝店，一位顧客在店裡駐足，並且反覆地看某一件商品，似乎頗為中意。銷售人員早已將顧客的一舉一動看在眼裡，過來搭話說：「看得出您很喜歡這件衣服，是不是真心想買？」看到顧客無任何反對意見、仍然在欣賞這件衣服時，銷售人員便說了一句非常關鍵的話：「這件衣服現在標價 2,500 元，不過您是新客人，可以優惠 200 元，2,300 元就能拿走。」如果顧客驚訝地表示太貴，並且轉身就要離開，銷售人員便會叫住他：「不好意思，我剛才看錯了，這件衣服的價格是 1,800 元，再給您打一點折扣，您付 1,500 元就可以。」這是兩次測試。心中有底價的顧客此時一定會做出最終的決定，要麼嫌貴走人，要麼繼續殺價或者付款購買，絕不會再浪費時間。

這一策略就是我們有意地透過犯一些錯誤，例如唸錯了字、用錯了詞語、報錯了價格等方法測試對方的反應，引誘對方先於自己表態，探知對方的真實條件和底牌，避免被對方的障眼法所欺騙。

態度至關重要

　　FBI 的 BAU（行為分析部）部門專門研究人的真實心理和行為的外在表現，我也曾作為分析師團隊的主管為其提供過工作支持。

　　在對人的心理和行為的分析方面，該部門負責人曾闡述過一個觀點。他認為，一個人最終向外界傳達他的內心之前總會經歷一段「心理組織期」，這期間人的思維、行為乃至表情管理是我們需要防備誤判的時候。比如：我們聽到的第一個出價總是不用放在心上的，第一個出價既是試探，同時也是對方在「心理組織期」的自我計畫，他未必沒考慮過這個價格，但他並不想，也不會選擇這個價格。

　　分辨對手的哪些條件是真實的、哪些條件是試探性的，觀察對方的態度極為重要，特別是談判對象的態度在一定時間內的微妙變化。他在報價和詢價時的真誠嚴肅能維持多久？他的憤怒是假裝的還是真實的？他的喜悅是一瞬即逝還是不受控制地流連於眉宇之間？這些難以在短時間內思索清

楚的情緒其實才是寫有對方內心立場的最寶貴的資訊。在談判的過程中，觀察這些態度對於條件的最終達成有著十分重要的影響，直接影響著我們的獲益或損失。保持謹慎的同時也要大膽捕捉這些稍縱即逝的訊號。

「六因」法則：人、事件、預期、條款、時間、壓力

調整談判計畫的六個主要因素：

第一，人：對不同的人，制訂不同的計畫。

第二，事件：因事制宜，讓事件推著人走。

第三，預期：利用對手的預期差異，改變對手的心理預期。

第四，條款：過高和過低的條件所產生的壓力是截然不同的。

第五，時間：創造時間優勢，打敗談判桌上的投機者。

第六，壓力：每個談判者都有目標壓力，靈活利用對手的目標，實現自己的策略。

第三章

可以接受的回撤 —— 如何以最小的損失破冰

當必須以不可避免的損失完成談判時，就要考慮保
住我們的「讓步程度」。

章引：無節操的「賣慘」總是會讓談判變成行乞

要以接受某種損失的代價完成談判，突破僵局，就必須知道什麼是讓步程度。讓步程度是我們在談判中能接受的「最大讓步」和「最小讓步」之間的範圍。比如當降價不可避免時，你可以接受的產品價格的下調空間是 1 元到 3 元。你的最佳目標是只降價 1 元，底線目標是降價 3 元。假如 3 元會讓你損失 30% 的價格，那麼 30% 就是你的讓步程度。

值得一提的是，許多人為了爭取少讓步，會在談判中採取一種賣慘戰術：「我很不容易，要發員工薪資，要租廠房，要繳稅，到處都要花錢，利潤空間只有一點點，您幫我一把吧！」或者乾脆說：「求求您讓我繼續供貨給您，哪怕價格再低一些，如果我失去您這個大客戶，公司就要倒閉了，我連家都養不起了。」然而現實是殘酷的，賣慘除了讓談判變成行乞，在多數情況下並不會讓你得償所願。即便對方出於憐憫給你一個簽約的機會，你也要在簽約條件上做出極大的讓步。況且，賣慘是給對方傳遞了一個「我過得不好」的失敗訊號，在商業合作中，這是大忌。

優秀的談判者在處理這個問題時應該採取的思維是：第一，評估與對方的實質衝突有多大，找出自己最佳的位置，想一想在不犧牲主要目標情況下，是否

能順利解決分歧。（不讓步就可以破冰）

第二，區分主要目標和次要目標，透過捨棄次要目標來保證整體利益的最大化，設定最低的讓步程度。（以最小的代價破冰）

如果必須讓步，那就先小後大。我們在現實談判中能夠讓步的空間一般是有限的，一旦退出一大步，留給自己的轉圜餘地便很小。所以即使局面僵持，談判有破裂的危險，也要堅持先小後大的原則，否則你之前所做的努力就可能白費 —— 無論你前面已退了多少步，對方都不會滿足，更不會感謝你。對手的需求是永無止境的，要為自己設定一個讓步的底線，以便保證自己最終能得到期望的價值回報。

「必須有人退一步」的想法害人不淺

　　勞工談判專家在美國是極受人尊敬的職業，他們是企業和雇員之間的溝通橋梁，是工會的座上賓和高級主管辦公室的常客，卻也是被企業主討厭的人，因為這些人經常慫恿勞方用罷工的手段逼迫資方就範。但站在勞方的角度想一想，沒有罷工這項「核武器」，居於弱勢位置的雇員憑什麼能用談判說服雇主呢？當你手中沒有底牌時，談判便是無效的，最終會變成了一場毫無尊嚴的「乞討」，也就是談判中常見的「賣慘文化」：「我處境很不好，您能不能幫幫我，答應我的條件？」

　　我有一次見到兩家公司的業務團隊在談判，A公司的產品由於售後服務出了問題，面臨大規模退貨的局面，銷售經理向B公司的主管道歉，洽談一個能交代得過去的退貨條件。A公司的人低聲下氣，B公司則得理不饒人。我聽見了他們的一段對話：

　　A：「江總，您消消氣，犯錯的那名售後專員我昨天開除了，我代表公司向您表示歉意，後面的三份訂單我們把價格下調兩成，您看可以嗎？這批產品能不能只退掉三分之一？好讓我對老闆有個交代，我從分公司調過來沒多久就遇上這事，如果跟您談不好，回去挨罵是輕的，搞不好又要調回那個鳥不拉屎的地方，每月拿點基本薪資，和妻子兩地分居，

一年見不著孩子兩次面⋯⋯」

　　B：「等等，你說的跟我有什麼關係？」

　　A：「唉⋯⋯就是希望您能考慮到我們這些銷售人員的不易，給個修正錯誤的機會，要不我們把今年後兩季的產品價格全部下調三成，您看可以嗎？只要別把這批貨全部退掉。」

　　B：「我考慮一下吧，明天答覆你。」

　　不用懷疑，這位江總心中已有決定，他拖延一日不過是為了吊一下對方的胃口，讓對方繼續煎熬一天。他在次日一定會再把價格往下壓一成，而 A 公司也一定會同意，因為這個結果從 A 公司的銷售經理開始賣慘的那一刻起就注定了。這麼做雖然在表面上能得到一些同情，但無原則地賣慘只能為他帶來一個低劣的條件和對方發自內心的輕視，意味著他主動將自己變成了一名弱者，去向強者搖尾乞憐。

保持你的尊嚴

　　在談判中想透過賣慘打動對方，大抵基於以下原因：

　　第一，底氣不足，缺乏提條件或說服對方的正當理由。（別人不欠你的）

　　第二，心理弱勢，用弱勢心理談判已成了根深蒂固的習慣。（習慣了比別人矮一頭）

第三，認知錯誤，以為賣慘能博得對方的同情而迅速獲取利益。（試圖利用對方的同情心）

聽起來有點道理，但操作起來效果不大，而且會讓你陷入更大的困境。這是一個實力至上、勝者為王的時代，雖然不比充滿血腥的遠古時代，但弱肉強食、崇強貶弱的法則仍然是人類文明的核心，是每個人思維基因的一部分。你的示弱不會讓你贏得任何尊重，反而會將你最脆弱的一面暴露給對方，他們會毫不留情地利用這一點壓榨和剝削你的價值，給你一個最低的條件，並讓你永不翻身。

「不平等的關係是不穩定的關係，談判中尊嚴比任何東西都重要。我和美國人談判了十年，從沒請他們吃過一頓飯。重要的是解決利益分歧，不是透過討好來求得施捨。」

談判者間的關係如同一個家庭中的成員，有利益的糾葛，也有情感的需求，比如平等。家庭成員如果地位不平等，丈夫虐待妻子或者妻子欺壓丈夫，早晚出大問題。不管談判進行得多麼艱難與緩慢，甚至完全看不到希望，你也不要丟棄自己的尊嚴，乞求對方的憐憫。這不叫談判，叫行乞，即使得到一點麵包屑，你也會失去一切。

區分三個不同的「談判維度」

人們經常在關鍵時刻放下自己的自尊心，拋開本該堅持的有利條件而去求得一個較為安全的結果，事後卻無法解釋

為何要這樣做。按照趨利避害的人性本能來看，這些人本不應如此，所以他們復盤時也往往知其然而不知其所以然。我們在談判中除了邏輯之外還有情感的因素在影響自己的一言一行，談判是理性的，同時也是感性的，後者是不可預測和難以控制的部分。因此，在談判過程中我們需要區分三個維度，針對性地調整和準備，避免自己習慣性地自降身價，掉進弱勢心理的泥沼。

第一維度：談判是為了捍衛自己的利益。（利己是第一目的）

第二維度：談判要掌控自己的情緒。（自控是贏得談判的基礎）

第三維度：談判要影響和控制對手的情緒。（從自控到控制別人）

第一維度講的是我們要深刻地洞察人與人關係的本質，你沒有義務犧牲自己去成全別人，談判的第一目的從來都是利己；第二維度告訴我們要在談判中克制自己的情緒，別衝動，別一廂情願地做傻事、說傻話，想清楚了再說，弄明白了再做；第三維度是想成為優秀談判者所必須達到的境界，從能良好地自控，到輕鬆地控制你的對手，影響對方的情緒。談判的三個維度有一個共同點，那就是建立在自重自愛的基礎上。立足於自身的需求，有尊嚴地進行談判、協商，最終才能獲得合情合理而且公平的回報。

所有形式的談判都是一個動態的和發展的過程。對於談判類型的區分，對於談判動機的辨析也應該視不同的階段靈活地看待，不能一概而論地認為同一種談判方式可以擺平每一個環節、適用於每一類人。我們在必要的時候當然可以賣慘，只要談判需要。回到 A 公司銷售經理的遭遇上，他該如何降低損失呢？與他設想的相反，賣慘恰恰是最糟糕的辦法。假如 B 公司的江總有願意談判的傾向，不用 A 公司的人奴顏婢膝，他也會維持既定的合作關係，冷靜下來後自然也就有解決問題的可能性；假如他沒有，那位銷售經理的言行舉止不但無濟於事，還損傷了自己公司的形象。

如果注定有損失，應該怎麼談

我的導師在離開 FBI 時對參加告別宴的人說了一句話：「你們的一生中有時要堅決的向目標主動出擊，有時要保持一種淡然和真誠的心態。」他希望每一名 FBI 探員記住 —— 不是努力就有結果，不是播下種子就能開花，越是看似徒勞無功的事情，就越要用平靜的心態把它做好。

談判就好比是一項特殊的體育運動，也是一場又一場的體育比賽。一支球隊在比賽中分數落後，儘管敗局已定，卻仍要兢兢業業地打好每一顆球，給球迷一個交代，給自己一個交代。談判也是這樣，你持之以恆地精心準備，你堅持不

懈地認真溝通，但最終可能要面對一個利益受損的結果。這樣的談判，我們如何順利地完成它，從壞的結果中得到一些收穫呢？

換一個角度看輸贏

我從來不同意談判學中「成功的談判就一定是雙贏」的觀點。比如：我們不跟綁架人質的歹徒達成雙贏，也不會跟坐在偵訊室 20 分鐘未吸毒就滿頭大汗的癮君子有什麼共同的追求。主流學派覺得不應該輸掉談判，要始終保持優勢，追求勝利，而我的觀點是：

談判從結果上沒有輸贏之分，只有不同的階段與對應的目標。要充分考慮到自己所處的位置、階段、追求來衡量談判的結果，並對下一步做出反應。

聽起來有點繞口？沒關係，你只要清楚從輸贏的角度來評價談判是一件有害無益的事情便可以了。這是為什麼呢？為何我不主張為談判注入功利思維呢？原因有兩點：首先，功利思維會讓人傾向於考慮當下的輸贏，在意某一單生意的盈利或損失，會過分地關注談判的手段、技巧而忽略了談判策略和長期布局。在這種思維的主導下，談判便成了一場定勝負的決鬥，雙方也都搖身一變成了場上的劍鬥士。贏了就歡喜，輸了就落魄，這對長遠發展是不利的。其次，談判短暫的「贏」和「輸」並不意味著長期結果的「好」和

「壞」，你贏了今天這一局，也許輸掉明天那一局。沒人能預料談判中達成的協議對之後的發展將產生何種影響。未知的東西僅能揣測，並非由今天完全決定。

倘若戰勝心魔，換一個角度重新審視呢？現在你信心滿滿，情緒高昂，因為你似乎在談判中占據上風，對手輸得一敗塗地而你大獲全勝。但過不了多久，你極有可能又萬分懊惱和心情低落，情勢急轉直下，那時你又成了輸家。這樣的例子不勝枚舉，商業合作中每日都在發生，像吃飯喝水一樣平常。只有換一個非功利的角度，才能跳出輸贏，不再用賺或賠的標準去評價談判，從中看到更為重要的東西。

談好無利可圖的交易

我的一位朋友曾經講過他和一家旅行社協商一次團體旅遊費用的故事。他組織了一幫客戶到海外旅遊，和旅行社談了兩個小時，拿到了優惠的折扣，比其他客戶少付三成的費用。到此為止，這是一次成功的談判，他撿到「餡餅」，從對方身上占了大便宜。像他自己說的：「我贏了。」可是沒到正式出發的那天，旅行社關門了，老闆人間蒸發。我的朋友談下了一份獲利頗豐的合約，結果卻是賠掉了一筆數萬元的頭期款。

究其原因，是價格的背後蘊藏著風險。一家名聲在外實力雄厚的旅行社在商談價格時一定不會便宜了我的朋友，但

他們也會提供安全和優質的服務。看似多花不少錢，實際上這些錢花對了地方。無獨有偶，我和一家公司談過一次當時毫無選擇的賠本買賣。我與該公司洽談長期合作，對方開出了十分苛刻的條件，公司規劃部門計算後覺得兩年內看不到盈利的希望，這份合約使我們無利可圖。我決定簽約，大家很失望。可是，透過兩年的深度合作，這家公司的實力有目共睹，我們一起把市場建立起來，第三年開始盈利，第四年、第五年時我們已實現年均 35% 以上的收入增長。

借此我讓規劃部門的同事明白，談判的完成不代表合作的結束。恰恰相反，從雙方在協議上簽名的那一刻起，真正的合作才正式開始。你在今天丟掉的利益能否在未來成倍賺回來，取決於雙方在談判完成後的下一步措施。即使一樁買賣在短期內是虧錢的，只要前景是美好的，就別盯著眼前的利益，要坦然而且欣然地接受今天的失去，才有資格去迎接明天的收穫。

就是說，談判並非一次又一次各自獨立的有勝負之分的擂臺比賽，而是一個連續的具有成長性和相互關聯的過程。談判能為我們帶來什麼？多數時候要經歷一個比較長的時期才能知道，從一紙合約的結果上是看不出來的。因此，對看似虧錢的買賣，要屏棄廝殺和決鬥的想法，採用長遠發展的眼光來對待。

讓對方先表態 ── 如果不順利怎麼辦

報價時誰先開口是一個關乎「讓步起點」的問題。為了將損失最小化，有一個常用的原則是「讓對方首先表態」，讓對方做第一個出價者。在談判過程中，讓對方先於你報出他的條件，你就能占有很大的後發優勢，根據他的條件再做針對性的回應。

★ 對方的第一次報價可能比你的最低價格更低，但也可能比你的理想價格更高。

★ 這能讓你在和對方展開實質性的溝通之前了解到他們的理想價格，判定他們的談判水準和意圖。

★ 這能幫助你迅速限定對方的價格區間，設定自己的讓步空間。

如果對方首先表態，那麼你就能夠在談判剛開始時摸清對方的基本條件 ── 利於你將對方的價格限定在一個由你設定的區間內。在這個區間內展開談判，就算雙方最終選取了一個中間價格，你也能獲得比較理想、可以接受的條件，減少己方的損失（增加收益）。假如先表態的是你，對方就可以用這種方法對付你。比如，你害怕失去訂單，報價傾向於最低，但對方再對價格進行折衷，繼續壓低價格，拿到了他最理想的價格，而你就失去了近乎全部的利潤空間。

在對方表態之前，我們可以首先透過幾種方式限定對方的「條件範圍」：

哭窮 —— 我資金有限；

使用更高權威策略 —— 太高的要求我決定不了；

使用競爭策略 —— 有人比你條件更好。

用以上的這些方法，我發現總能十分有效地限定對方的心理價位，除非你遇到了強勢談判者並且對方有充足的選擇（你並非他的最佳合作方）。一般來說，我們對對方的了解越少，就越應該讓對方首先表態，先說出他的價格和條件要求。比如問：「不知您那邊的預算是多少？」他當然不會如實告知，但你起碼有了一個判斷區間，知道他大概想花多少錢，據此再調整和回覆你的要求。

現實情況遠比理論複雜，因為多數談判者深諳此道，大部分時候雙方都覺得自己不應該首先報價，都等對方表態。這樣的局面看起來很僵，也很搞笑，是一種互相「您先請」的重複循環。我們不可能永遠等下去，除了適當地延長談判時間，只要情況允許，我們應該主動出擊，刺激對方儘快報價。例如，讓他清楚他只有眼前的這一次機會，而你很快就能跟其他合作方達成協議。有些狡猾的談判高手擅長拖延，但他們終歸不能徹底地放棄談判。

拒絕第一個條件（要求），不管這個條件（要求）是什麼

我的原則是，永遠要拒絕對方的第一次出價。科羅拉多州的商業詐騙犯麥特森利用偽造的合約和票據從數十家公司騙取了 2,500 萬美元，他於 2001 年被捕，隨即移送 FBI。第一次偵訊時，麥特森面無表情地坐在燈下，眼神淡定，他精通法律、金融和商業知識，有信心能跟 FBI 做一筆划算的交易。事實也是如此，當我凝視他不到一分鐘時，他便開口說出了自己的認罪條件：「刑期 3 年內，我幫你們做臥底，我知道有一夥人想盜取微軟和英特爾的資料，我認識一些人，他們需要我。」

我說：「抱歉，這不行。」

麥特森露出震驚的表情，突然沉默了。這個條件 FBI 是可以接受（計劃拿到）的，但既然他開口便說了出來，我就不會接受，而且堅定地拒絕，我希望從他身上拿到更多。後來，我將聯邦政府對於商業罪案的刑事法責認定標準逐條唸給他聽，我告訴他就算與 FBI 合作，成功地破獲另一起金額更大的案子，他也要在監獄待夠 30 年。

他的臉色越來越差，最後是絕望的蒼白：「我不知道我能做什麼，我應該怎麼做？」

拒絕第一個條件（要求），不管這個條件（要求）是什麼

我說：「把你知道的所有事情寫下來，不要挑揀，不要有所隱藏，再看我能為你做點什麼。」

麥特森與聯邦政府達成了交易，他的大腦被榨乾了，我們知道了他的上下線、海外關係、犯罪鏈上的所有人，包括那些提供印製服務的小角色，當然還有與他相熟的另外幾個犯罪同夥。一年後，他被判入獄 5 年，資產罰沒了 8,000 萬美元，但他的妻子還留有一些財產，FBI 有正當的理由不再追究。我們損失的是他 25 年的刑期，得到的則更多。

當你比對手擁有更多的選擇時，最佳的談判方法是什麼？即使你仍有必要承擔某些額外的損失以換取對方的承諾，你也應該僅僅關注自己的最佳目標，忽略掉不那麼吸引人的其他選擇。在對方向你開出他的價碼時，注意別因為超出你預想的優厚條件而欣喜若狂，急於和他交易。平庸的談判者最易犯的錯誤就是他們很難把優勢擴大 —— 他們小富即安，在談判中拿不到最佳的收益。

在多年的實踐和研究中，我一直在驗證談判中拒絕策略的有效性，以及在不同的階段、針對不同的人如何使用這一策略。數千份的案例研究結果顯示，同意對方的第一出價的人，其後的談判、合作過程中與對方發生摩擦的機率更大。一開始時越妥協讓步，到後面的矛盾和衝突就越大。反之，習慣於在出價時斤斤計較、不斷拒絕對方條件的人，與對方在後期的合作中的順利程度越高。這是一個有趣的現象，說

明不懂拒絕的人在談判中的表現往往很差，有勇氣拒絕對方的人則具有更強的談判力和獲得最佳回報的能力。

拒絕對方的第一個條件還有個好處，它給你提供了一種橫貫於雙方之間的「權力感」，給對方製造壓力，傳達給他一個強烈的訊號 ── 你才是這場談判中的主導者！這也能讓你不論發生什麼都能保持平靜和自信，並篤定最後會獲得一筆相對出色的交易。至少與對方相比，你的付出（損失）是最少的。

美國總統川普曾在削減美日貿易逆差的問題上以演講、推特和記者會的方式反覆強硬表態，展現了一種「川普式」的談判策略。他在與已故日本前首相安倍晉三的七次會談中的態度都不是激烈的，但在會談後卻借助其他方式盛氣凌人地要求日本讓步。這種不直接和對方講卻欲獲取實質利益的策略非常值得企業家們學習。

《華爾街日報》的專欄作家史密斯長期關注世界級強人為人處事的風格，著有十幾本企業家和政治家的傳記。他說：「商人出身的川普擅長用商業思維面對其他國家的首腦，他的談判風格是人前一套人後一套，他當面如賓背後如敵，但這種策略總有些時候是奏效的，因為他代表的勢力太強大了。」就像川普自己說的：「一旦我告訴他們要付出多少代價時，這種關係很快就會結束。」他認為面對面磋商時過於強勢的表態會讓對方因無法下臺而抗拒，那將有違他的目

的。只要施加的壓力能帶來真正的回報，就要有耐心等待一個合適的機會。

要讓威脅產生效果，就盡量不要直接講

這不是一個具有普適性（什麼時候均可）的原則，但在99%的談判中有效。我對這一原則的另一種解釋是：充滿服務精神的施壓。Facebook、Meta 董事長兼執行長的創辦人祖克柏也深知紳士風度的重要性，他在與人會面時不讓對方有任何不舒服，充滿了服務精神，而一旦離開會談場所，他便讓下屬發出通牒郵件。他認為想讓「威脅」具有真正的效果和帶來長久有力的關係，最好不要直接去講，這是對對方最基本的尊重。這樣能達到目標，也能借此建立自己的威嚴和增強凝聚力。

主動出招，然後靜觀其變

有一些談判者希望以讓步換取讓步，以禮儀交換禮儀，不斷地重複著毫無原則的妥協，以為這樣就能控制談判的走向，贏得對手發自內心的尊重。他們不清楚談判的本質，不了解讓步的真實目的，他們過於理想化和天真，最終的結果便是將自己逼入了絕境，而對手卻心安理得地拿走大份的蛋糕。沒人同情主動讓利的失敗者，這些談判者除了缺乏對於人性的了解外，更大的原因是他們自身性格的問題。他們不

願意為了一次合作或一個小問題傷了面子，影響將來的關係。這種想法不但幼稚，而且危險。史密斯說：「改變性格中懦弱的成分，就要走出大膽的一步，學習像強勢人物一樣主動提出要求，讓對方必須讓步，然後別害怕他會拒絕，你只需靜觀其變就好了。」假如你的要求是合乎原則且可以促成雙贏的，就不用擔心沒人同意這個條件。

▌忘掉已經產生的損失

2009 年 2 月一個冷風刺骨的夜晚，一家投資機構的專案主管李強生抽完手裡的半支菸，從辦公室的頂樓跳樓身亡。李強生負責的金融產品在 4 個月前發生雪崩和兌付潮，經過幾輪艱難的磋商後仍未獲得銀行的「救濟」，他感到末路已至，選擇結束生命。但就在他死後一個月，該金融產品的投資損失還是在多方談判後找到了解決方案。

這是一個極端的個例，我有時在講座中針對性地提到他的故事，為的便是告誡商業專案的負責人，假如你在談判前就已面對一些無可挽回的巨大損失，甚至前景渺茫，也不要放棄善始善終的希望。與其糾結於不能補救的損失，還不如忽視這些損失，面對現實，在殘酷的現實中盡力做到最好，爭取一分是一分。這是屬於商業人的精神，也是優秀談判者應該具備的素養。

談判沒有輸贏，只有一個「好結果」和「不太好的結果」

總有人認為談判如同作戰，敵人就在面前，豈可苟且求生，一定要拼出輸贏，分個勝負。在這種心理的主導下，他們不能容忍損失，損失了的要找回來，贏了的要贏更多。擁有這種心態的還有股市投資者，手中持有的股票下跌後不懂停損，一心只想反彈，不賺錢堅絕不走，賺了錢的不懂停利，一廂情願地希望它一直漲下去。豪賭的衝動害人不淺，對投資、做生意、情感等都有極大的破壞力。有的人生活中為了要拼出輸贏，秉持黑白分明的二分法，要不就全贏，要不就全輸，結果往往什麼也得不到。

不懂停損，是談判者最致命的弱點。從現在起，必須換一個角度看待談判 —— 我們除了得到一個完美結果，就是得到一個不怎麼完美的結果。無論局面多麼糟糕，都要用有發展性的眼光看問題：「最壞的已經過去了，不再想它！當下從零起步，每一次得到都是加分！」把已產生的損失作為不再有任何價值的沉沒成本，將之拋諸腦後，再輕裝上陣。

一開始談就總想著怎樣全盤皆贏，殺對手一個片甲不留，那麼即使你的野心很大、能力很強，也會被談判中不可避免的讓步、損失所拖垮。你對損失耿耿於懷，對手也就不會給你未來贏回來的空間。

讓損失變成雙贏的籌碼

第一，忽視，最好是無視已產生的損失，眼睛只盯著未來。

第二，既然損失已經產生，就讓它變成雙贏的籌碼。

為了保障這兩點的實現，我們要革新大腦中的談判思維 —— 談判不是軍事作戰，是尋求合作；談判不是你死我活，是你活我強，也是你我共強。雙方都要認清這一點，這是達成共識、化損失為機遇的基礎。不論是加薪談判、商業協商，還是婚姻溝通、案件偵訊、情報交流，這個原則始終起著主導作用。我們要把注意力的焦點從「打倒對方」轉移到「成就彼此」，從「擴大對方的損失」過渡到「增加共同獲利的空間」。

讓步程度過大又沒有回報，就別再讓步了

在金庸的武俠小說《鹿鼎記》中，海大富盤問韋小寶：「你到底是受了誰的指使，想用這計策來弄瞎我的眼睛？你老實說出來，我立刻給你解藥。」這時候韋小寶非常被動，且有性命之憂，應該怎麼辦？如果他說實話，然後哀求對方留自己一命，很顯然會得到一個悲慘的結果，失去最後一點利用價值後，海大富會馬上翻臉殺了他。越是在這種極為被

動的局面中 —— 損失很大且已無路可退時，就越不能讓步，應該以退為進。

你和對方談判時，如果對方每次提的要求都能得到一個滿意的回覆，你一再退讓，像麵糰一樣任人揉捏，便很容易刺激對方繼續期待你更進一步的讓步。對方得寸進尺，希望拿走你的一切。一旦你不再讓步了，就會很失望，有可能導致談判終止或者破裂。這種局面其實是你自己造成的，對方的貪婪也是你縱容出來的。

起點要高，讓步要慢

有句話說：「先讓者輸。」解決這一問題的關鍵是設置一個「較高的談判起點」，你的要價有多高，合理讓步的空間就有多大。在需要你退步時，才不至於進退失據，因承擔不起損失而放棄良好的機遇。比如我對公司市場部門的要求：任何一個項目的報價都必須比合理價格加35%，不是要多賺35%的錢，是用這35%的空間去跟客戶談判。這一報價原則保證了我們與全世界客戶的合作中最基本的獲利起點，也給了客戶靈活的議價彈性。我們不可能喊出一個價格便不再讓步，商業談判中這很難實現；我們也不能因為退讓太多而損失自己實質的利益，這樣生意便沒法做下去。

綜上所述，「討價還價」在談判過程中是極為常見的做法，你對此要有心理準備，你可以將報價的起點調高，然後

想一想如何讓步。大量的實戰事例表明,起點越高,談判的結果就越理想;起點越低,談判的結果越難以接受。定一個高的起點,接著在客戶的壓力下緩慢讓步,最終達成平衡,這是你應學會的談判技術。

因為從談判的第一時間起,對方就對殺價充滿了鬥志,希望更便宜的價錢買你的服務,希望用最少的服務賺你最多的錢。你的目標不是阻止對方,是引導對方回到那個令雙方皆大歡喜的價格區間。一旦你降低了自己的起點,你就已經做出了第一次退讓,在對方眼中你便成了一個「能輕易壓服」的人,對方自然要向你繼續施壓下去,用各種手段逼迫你吐出最後一點利潤。

如何用「損失」換取「價值」

著名談判專家、東吳大學教授劉必榮說:「談判最重要的動作是交換。」在競爭性談判的過程中,有時勝負的結果還沒有出現,你的競爭對手就已經在客觀上擁有了壓倒性的優勢,他們的實力強大,資金充足,談判經驗豐富,並在談判桌上牢牢壓制你。看起來,損失是不可避免的了,且要付出極為沉重的代價,才能從這裡全身而退。比如國際上的一些產業聯盟談判,一家企業能分到多大的蛋糕,不僅取決於它的技術實力,還取決於它的話語權,小公司在這樣的談判中無法充分保障自己的利益,經常損失很大,收益很小。

　　就像劉必榮教授說到的，要靈活而精準地運用「交換」的思想，即：你的損失一定要換來相應的價值。談判既是賽局，也是一個交換的平臺。如果你的讓步不能換來任何東西，那麼這種談判與合作對你便是不利的，與其死撐，不如退出。談判者的頭腦要清楚，不能產生交換價值的讓步，只會加速自己的死亡，成全對方的勝利。你不是聖人，當然不想這麼做，所以要仔細聆聽並弄清對方的動機，明白對方想要做什麼、達到什麼結果、能給你什麼之後，再用一個理性的決定保護自己的利益。

第三章 / 可以接受的回撤—如何以最小的損失破冰

第四章

平衡 —— 怎樣化解誤判所導致的僵局

低估對手和高估自己都可能陷入一場失衡的拉鋸戰。

章引：一個壞的開始，會讓談判的天平偏向何方

談判需要平衡，通俗地說就是雙方必須勢均力敵，不能出現一方壓倒另一方的局面。在維持平衡的過程中，需要雙方正確判斷對方的意圖 —— 他想做什麼？他計劃怎麼做？誤判會導致局面失衡，因為你或對方會採取錯誤的手段。眾所周知，人類最強的武器不是原子彈，是大腦中的智慧和謀略，在今天這個資訊高速流通的網路時代中，智慧和謀略應充分用於對資訊和情報的收集上，在談判桌上就要做到「知彼知己，百戰不殆」。

但是，若有了一個壞的開始 —— 誤判已經產生，談判將怎樣進行，我們如何扭轉局面呢？

我的觀點是，成熟的談判者要明白對手的「最佳替代方案」與可能達成的協議之間的關係。就是說，除了要讀懂對方給出的方案，我們還要對他業已備好的最佳替代方案心中有數，靈活利用兩者之間的微妙關係，據此制訂新的計畫，改變談判策略。在本章中，我們要學習避免兩種極端的錯誤 —— 低估對方和高估對方的「最佳替代方案」。

我們為什麼會低估對手

霍拉西奧·法卡奧（Horacio Falcao）是著名的談判學專家，他認為，由於文化、教育或宗教背景的差異，人們總是犯下低估對手的錯誤，對談判對象的實力做出誤判。比如：我們是一個社區的談判代表，擔心附近一座正在建設的發電廠將來會排出有毒的氣體從而危害居民的身體健康，要求電廠停工、改址並賠償。我們可能覺得環保是世界範圍內流行的大議題，發電廠一定不敢忽視居民的訴求，因此這些訴求輕而易舉便能獲得回應。但談判起來卻發現，發電廠代表有另外幾套方案：

1. 不理睬居民的抗議；
2. 一小部分補償，金額是居民預想的 1% ～ 2%；
3. 說一些居民聽不懂的專業術語，證明發電廠無害；
4. 強調居民對用電的需求；
5. 拖延戰術。

他們早有準備，無論哪一套方案，都足以讓我們在談判中耗盡心力而無所收穫。最終，我們需要重新審視對手，看看在哪些方面低估了他們，尋求突破口，否則這種局面就會一直僵持下去，直至發電廠建成。

了解談判對手的實力，不低估也不高估對手，這對突破

僵局是非常重要的。如果不能完全或部分地了解對手的基本實力，我們便無法擬定有效的戰術，實施針對性的技巧，以化解對方特意準備的攻勢。越是大企業的代表，就越會犯下低估對手的錯誤。而小企業的代表則容易高估對手，他們覺得大企業總比自己有更多的底氣，所以談判時畏首畏尾。

偵訊室裡的對手和會議室裡的對手有何不同

誤判不僅發生在偵訊室，而且在會議室也頻繁發生。有一次，某通訊公司的副總約見我，他希望和我談一談客戶供應零件產品的價格，邀約發到我的信箱三天了，對方表現出迫切見面的態度。我主動約他在自己的辦公室見面，並準備好了一份詳細的價格目錄；我還計劃與他共進午餐，把未來幾批產品的合作也一併談好。但是一見面，當我看到他臉上的表情時便知道，我主動邀請他的行為是錯誤的，因為他完全沒表現出要儘快達成協議的意圖。

他表情嚴肅地走進來，坐到沙發上，眼神飄向窗外，半天才說：「把我從繁忙的會議中請過來，只是為了一張供貨合約嗎？」

我馬上反應過來：「哦不，先生，只是請你喝杯茶，順便問問貴公司生產線的情況，客戶對此非常關心。」

他立刻警覺：「生產線？什麼情況？」

我拿出一份報紙，上面有一篇與該公司生產線相關的負面新聞。我放到他面前，十分關切地問：「這不會是真的吧？」

他頓時失去了剛才的淡定，因為被主動邀請談判而產生的優勢心理褪去，變得緊張和不自然起來。接下來，他用了90分鐘的時間向我解釋、介紹他們公司的生產線有多麼可靠、該新聞報導的指控是多麼不實。

儘管我利用早就備好的資料為自己創造了有利位置，但這次會面卻是由一次誤判產生的，是我的一次失誤。每當我對偵訊室與會議室的性質有所區分時，這種錯誤就會自己找上門來。經過一段時間的反思後我發現，不論是嫌疑犯還是商業夥伴，他們在談判中的表現均是趨同的。賽局中的人性具有無限的同質性，人們總想讓局面變得失衡起來，由自己掌控局面。對此，只要你有一絲軟弱，便會誤判當前的形勢，你必須時時掌握資訊，並且保持警惕。

重新評估形勢

軍事學中有一句話：「軍隊總是為上一場戰爭做好準備。」這句話告訴我們，相對於尚未但即將發生的事實，人的視野是滯後的。人的意識跟不上時代和技術的進步，而人總是後知後覺。

決定你的商業成敗乃至人生成敗的最強大力量，從來不是知識的儲備、技術的高低，而是視野。你看到的是你的上限——你會因何成功，你沒看到的是你的下限——你會因何失敗。視野的寬窄影響到談判的各個方面，大到策略的制定，小到細節的掌握，它對人的心態、思維和價值標準也是一種決定性的因素。

比如，作為企業，你終究有一天要跟政府做生意。一個好的企業總是能從容地應對政府。與政府的談判是最難的，因為他們比一般的個人和機構擁有更廣的視野和更不可低估的耐心。他們的顧慮很多，經費很少。他們比你看得更多，想得更遠，儘管你的想法更有效率。他們也可能不關心談判的結果，而更關注談判的過程，至少在多數的情況下如此。如何在這種局面中取得理想結果呢？

和政府的談判經常是一場漫長而反覆的持久戰，視野狹窄和耐心匱乏的人會輕易地敗下陣來，屈服於對方繁瑣、堅持而看起來又毫無必要的要求。每當和政府——聯邦機構和州政府部門產生聯繫時，「談判」在我的詞典中就換成了另一個詞：「服務」。我喜歡用服務的視野替代談判，這個詞更容易說服他們。這是一種宏大的視野，你能從服務思維中做好充足的準備：

- 你需要我做什麼？
- 我能提供的東西可否進一步改善？
- 我收取多少服務費？
- 服務的標準是什麼？

視野會在我們之間創造一個優勢區：你看到的，對方沒看到的；你沒看到的，對方看到的。這些不同的區域之間存在著交集，找到這個交集，談判就變成了合作。

非常遺憾的是，我在職業生涯中遇到最多的是受「個人視野」驅動著的談判者。最好對付的是中小型公司的高級主管和一般的創業團隊，那些孤軍奮戰的孤狼尤為如此。他們缺乏智囊團的幫助，有視野極限，沒有時間優勢。這類對手要麼迅速地結束談判，要麼很快被說服，很難有其他的結果。

商業談判的形勢變化之快總是難以預計，很多時候你會發現自己提前做好的各種準備工作在實戰中大部分派不上用場，這充分說明了談判是一項艱巨和充滿戲劇性的任務。不過，就我們在生活和工作中遇到的絕大多數談判來說，有針對性的計畫仍然是解決最終問題的工具，至少它是效率最高的。如果你選擇了一個不合時宜的計畫，即便有正確的策略和基調也不能取得預想的效果。

我建議在談判前和制訂談判計畫時應該著重考慮兩個因素：第一，實際利益（現在獲得這個利益對我的重要性）；

第二，雙方的關係（我和他的關係好壞對我的重要性）。從這兩點出發，制訂計畫時採取的五種工具包括：

- **屈從工具 ——（關係↑利益↓）**

  既然維護良好關係的重要性遠大於當下的利益，談判中就要適當加大屈從的因素。比如：「這次我少賺一點，和他搞好關係，未來才能拿到更大的合約。」基於這個出發點去制訂計畫，迅速達成共識。因為不懂得眼下的屈從，就不知如何在未來進取。

- **強硬工具 ——（利益↑關係↓）**

  如果當下的利益遠大於雙方的關係，或者說關係的重要性已不足以抵消眼前利益的誘惑，那麼談判計畫就要針對如何鎖定看得見的好處，將現在的利益最大化，即使犧牲交情也在所不惜。賽局理論中，強硬是必不可少的一步，有時可以放在談判開始，但多數時間應見機行事。

- **逃避工具 ——（利益↓關係↓）**

  適用於雞肋（不重要）談判。當你覺得現實利益與雙方的關係均不重要時，你在談判中獲得的將是前所未有的有利空間。因為你既可以捨棄利益，也可以犧牲關係。此時，你可以盡情發揮時間的作用，在談判中表現冷淡、拖延或不加以關注的態度。這種方式往往應用於強者對弱者的談判中。

- **妥協工具 ──（利益＝關係）**
  有時候現實利益和雙方的關係同等重要，這一點對你、對對方都成立，談判時便要各讓一步，互相妥協，以追求雙贏。制訂談判計畫時，要針對你們能交換的東西，做到細緻入微，考慮到每一個「讓步點」。
- **合作工具 ──（利益↑關係↑）**
  現實利益與雙方的關係不僅相等，而且急需加深，成為利益和關係共同體。比如我們與策略夥伴的談判，彼此命運息息相關，一榮俱榮，一損俱損，那麼不僅要這一次皆大歡喜，而且要一直合作和共同成長下去。基於此制訂的談判計畫，應該有長遠的構想，站在策略角度規劃雙方的未來。合作既是談判的工具，也是我們最終的目的。

別妄想有一份計畫可以讓你拿走一切，這樣的想法只能為你製造一場無可挽回的失敗。沒有完美的談判計畫，但卻有完美的談判準備。你只要保證自己比對手準備得更充分就可以了。

了解你的「新對手」，深挖優勢和劣勢

當我們身處於某種劣勢與不利的局面，不得不與一名強勢者（實力占優者）談判時，你可能使出渾身解數也未必能占到半點便宜，如何發掘出自己的優勢從談判中撈取滿意（最不壞）的成果？

我們不需要占用過多篇幅討論當你處於優勢時的談判策略，實力強的人隨時能想出 30 種或 60 種談判方法，這是由實力決定的。實力可以帶來高度，足夠的高度讓你無須憂慮談判的技巧問題，擺出一個強硬的態度就可以碾壓大部分的對手。但對弱勢者而言，深挖雙方的優劣並找到突破口是必不可少的一步。

打個比方，南非前總統曼德拉半輩子待在監獄，他是黑人，是白人政府欲除之而後快的眼中釘，他沒錢，也沒有軍隊背景，只是一個步履蹣跚又疾病纏身的囚犯。但他卻翻雲覆雨，吸聚全球的關注，白人政府不僅妥協將他放出來，他還最終坐上了總統寶座。曼德拉的談判能力毋庸置疑，他揚長避短的策略眼光、深邃的洞察力和善於忍耐的意志力把他的優勢發揮得淋漓盡致。如果從劣勢者中找出一位強勢的談判大師，曼德拉一定是其中之一！

假設你是一名普通的大學畢業生，出生於城鄉的一般家庭，家裡沒有企業家父母、有錢有權的舅舅或遠房銀行家親

戚，你能否讓大潤發、家樂福這樣的零售集團和你平等進行價格談判，把你經營的特色農產品賣往各地？注意，我們所討論的不是「資格問題」，是「策略」問題。小人物和大人物相遇於談判桌、偵訊室、高爾夫球場時，如何做好防禦的同時縮小雙方的實力差距，突破對方的薄弱區域，是我們要研究和探討的話題。你可以不知道明天天氣如何，但一定要清楚自己手握哪些王牌，也要把弱點深藏起來。

再弱小，你也有最獨特的優勢

運用一些獨特的手段，可以將自己的「影響力」最大化地釋放出去，使我們看起來和對手一樣強大。這麼做有機會把不可能的交易轉化成一份正式簽署的合作協議，也能在特殊的時期提高自己的地位。

2008 年的時候，一家外貿公司邀請我擔任談判顧問。那是一家只有十幾個人的小公司，一天只能產兩噸貨，工廠像四合院，上面磚瓦房，底下水泥槽，完全不像現代企業，倒像地下工廠。他們的顧問費都是幾名股東東拼西湊周轉來的。這家小工廠想做什麼呢？

總經理姓秦，是位三十多歲的年輕人。他介紹說：「這個行業有三家大公司，一家泰國的，一家臺灣的，另一家是中國獨資的，它們做外貿很久了，早把客戶瓜分乾淨了，我們生存的困難可想而知。但現在有一個機會，有一個產品我們

也能生產，國外有兩家大客戶下了訂單，想在國內採購，我們請您制定談判策略，看能不能搶過來一點點訂單。」

聽起來是不是很可笑？就像一家在車庫辦公、資產只有300萬元的初創軟體公司想從微軟、亞馬遜的嘴裡刨食，和他們競爭一份通訊設備系統研發的國際大合約。更何況，這家公司想接觸的客戶是世界級的公司，對產品和製造產品的公司都有著嚴苛的要求。

秦經理介紹情況時，不自信地笑了。但我立刻同意了他的要求，這並非不可能實現，關鍵是要讓這家小公司的先天劣勢在談判中轉變成巨大的優勢，將效率優勢發揮到極致，勝負便不可知。我們是如何做到的呢？

了解了公司的基本資訊，看完了目標客戶的資料，我讓秦經理給這家公司的採購主管發一封郵件，禮貌性介紹自己的業務，詢問對方的產品採購條件。該公司很快便回覆了郵件，內容只有一句話：貴公司的資質未達標。言外之意：別想了！語氣直接乾脆，不給商量的餘地。對方說得對，大企業有厲害的資質，技術先進，品質有保障，資金規模大，這家小公司比不了。

秦經理和工廠的技術負責人很氣餒。我坐到業務經理的位置上，又寫了一封郵件，內容是這樣的：

第一，雖然我們公司小，但我們的產品品質好，該產品從生產以來，我們的品質控制體系始終維持著行業內最低的不良率，這個可以發樣品過去，由貴公司檢驗。（品質業內最好）

第二，因為公司小，人員結構更簡單，反應迅速。比如您有問題可以透過我直接跟總經理對話，但大公司往往是業務員 —— 外貿經理 —— 副總 —— 董事長的死板流程，很耽誤時間。（服務反應最快）

第三，我們成本低，定價靈活，不像大公司必須養活許多人，高成本導致價格談不下來。（產品價格最低）

第四，貴公司不是那些大公司最大的客戶，未必能享受到最好的服務與價格，但您成為我們公司的客戶，一定是最重要的合作方，可以享受到最優惠的價格與最周到的服務。（合作誠意最高）

第五，有句話說，別將雞蛋放在一個籃子裡。貴公司難道不想再找一個供應商以備急需？（風險需要分散）

郵件發出去，當天沒有回信。秦經理感覺沒什麼戲了，我認為此時回覆越快越代表沒機會，對方的沉默反而傳達了「我正在思考」的資訊。果然，次日中午對方發來郵件，同

117

意啟動談判流程，請先寄送樣品過去。很快，這家公司就拿下了一筆數額達千萬美元的訂單。

後來秦經理問我：「你說的那五點都很有道理，但哪一點最重要？」我告訴他，前面三點是講你的優勢，後面兩點則是在講對方的劣勢。一旦有劣勢，就會有需求，有了需求就有了合作意向。所以，這五點缺一不可。不過，這是在談判前就要做好的功課，對這些優劣點必須精確地深挖，綜合分析，組成一個完整的資訊鏈，在合適的時機去打動對方。

優勢和劣勢從來都是相對的

優勢和劣勢不是一成不變的，而是相對變化的。強弱之分也是如此，人和人的強弱在不同的場景中隨時轉化，企業競爭時也會根據客戶具體的需求而「強弱易位」。沒有無處不在的強，也沒有時時刻刻的弱。大公司有大的優勢，小公司有小的長處，就看你如何將這些內容表述出來，展示自己的優點，淡化和遮蓋自己的弱點。

我很喜歡為小公司提供商業諮詢和業務談判方面的指導，就是因為他們快速、靈活和效率好，船小好調頭，管理結構簡單也讓小公司在執行力層面擁有更高的上限。與之合作，我能看到一些讓人驚嘆的東西。這對我們的談判工作是非常有力的參照。

從供需關係的角度挖掘自己的優勢

與犯罪嫌疑人的鬥智鬥勇、商務談判乃至情感賽局的根本均涉及供需關係。在人類各個領域的互動中，供需關係是不可迴避的。為了使供需達到平衡（互相滿足），我們要考慮的因素有很多，比如交易底線、價格、付款方式、時間、數量、風險等，這些均是談判條款。你的底線越低，時間容量越大，數量越足，風險越小，優勢就越大，反之劣勢就會擴張，讓你難以應付。

當供大於求時，需求方的優勢相對較大。就是說，你的選擇面越廣，對方的底氣就越小。但是，如果有一方處於壟斷、資訊不對等的優勢地位，另一方的優勢則會被極大地壓縮。要挖掘出自己全部的優勢，就要吃透雙方的供需關係：「是你求我，還是我求你？我和你相較誰對對方的依賴性更強？」這些因素雖然不能決定談判的結果，卻影響談判的起點。

深入收集對方的劣勢資訊

研究競爭對手的情況是一項很重要的工作 —— 尤其是對方的弱點、負面消息等。任何不利於此次談判的資訊都能拿來大做文章，前提是你獲得了真實的資訊 —— 確實是對方的劣勢，而非一種有意營造出來的有欺騙性的假象。

哪些情況算得上對方的劣勢呢？

第一：情感（緒）弱點。他是經常做出情緒化決定的人嗎？他對哪些刺激比較敏感？他的情感經歷你了解嗎？情感（緒）弱點是談判中非常致命的劣勢，一旦暴露就會被人利用。修煉自己的情緒管理能力，掩蓋自己的情感經歷，同時多收集對方相關的資訊。

第二：資金問題。企業的資金實力對商務談判的影響是毋庸置疑的。「有錢能使鬼推磨」這個道理對人和企業都適用。尤其在多個競爭對手參與的談判中（多方賽局），必須考慮到自己的資金實力是否能與對手抗衡。資金可以是你的優勢，也可以是你的劣勢，要懂得揚長避短。

第三：性格缺陷。請多加研究坐在你對面的那個人的歷史 —— 不管是談判對象還是你的競爭對手，從他的過去中你能發現許多性格問題造成的「黑歷史」。我的做法是收集對方過往 20 年內的所有資訊，根據他的人際關係、事業軌跡、家庭狀況和理財風格等建構出他的性格模型。從這個性格模型中你能看到大量的隱藏問題，再以此為據建構出他在談判中的行為模式。

第四：時間危機。我們需要的「時間優勢」是，即使談判失敗，我們仍然是贏家。你越不需要談判，時間優勢就越明顯。我們對談判結果的時間要求決定了這個局面。時間越短，對談判產生的危機感越大。

第五：習慣性的錯誤。套用股市中的術語，每個人有自

己的「交易習慣」。習慣可以掩飾，但總會在壓力下露出馬腳，原形畢露。總有一種習慣在關鍵時刻掌控大局，決定生死。有的人面對壓力會恐懼，有的人則喜不自勝。不同的思維和行為習慣，採取的策略和做出的決定也不一樣。

我們在談判中會反覆拉鋸，走勢無法預期。但是只要談判前的準備工作做得到位，你就擁有了自己的底線：我以何為憑？我因何而退？多思考這兩個問題，就能發揮優勢，迴避劣勢，談出有利於自己的局面。

▎煞車 —— 改變談判時間／地點

在 2014 年夏日的一個深夜，對方公司的總經理秦先生翹起腿，和我一起坐在香格里拉飯店的房間內，桌子上擺著幾張協議，他的臉上寫滿了「勝利」。時間不多了，六個小時後我就要趕最早的一班飛機趕回臺北，我已經折騰了三天，每天都去他們公司旗下的娛樂場所、景點、餐廳等參觀體驗，快耗光了所有的精力。重要的是，他們在一個小時前提出了一份聽起來還有點誘惑力的條件：儘管將頭期款的價格壓得極低，甚至是一個羞辱性的價格，卻也同意在未來的合作中提高每年的分紅比例。

「相信我吧，高先生，我替您算了一筆帳，按這個條件，您今年可能賺不到錢，但明年至少入帳 200 萬元，今後每年

以 30% 的幅度增長，我相信單就這一個專案便能達到年入千萬的標準，將來我們還會開展其他的專案。」秦先生一邊看錶，一邊悠然自得地說，「而且我們公司還願意為您團隊的出差人員支付全部費用，並給予他們薪資，這也能為您每年節省數十萬元。」

　　一個十分具有吸引力的協議已經放到面前了，我為什麼還要大膽地說不行呢？因為這並非在我既定的計畫和節奏中取得的結果 —— 這不是我最想要的，而是對方最想要的。還有一點最為重要，如果我無法獲取關於對手盡可能多的資訊，對自己的對手也還沒有足夠的了解，用於談判的時間又不充足，那麼這個結果我就不能接受。當對手希望你當日成交、簽下自己的名字時，你一定要對他這麼著急的時間要求保持 120 分的警惕，要深度懷疑他的動機：

　　他的承諾難道沒有欺騙性嗎？

　　如果這個條款真的對我有利，他何必到最後一刻才提出來，並要求我立刻簽署協議呢？

　　他從中的獲利有多少？是否吃掉了大量的中間利潤？這些利潤是否本該有我一份？

　　你可以盡情拓展思路，思考更多的「質疑性問題」，想得越多越好，你要把對方設想成一個騙子，剛從全世界最好的騙子學校學成歸來，準備在你身上施展才華。只要你能這

麼想，就不會被一些蠅頭小利或聽起來美好的規畫所矇蔽。所以那天晚上我像聽了兩個小時的單口相聲，完全沒有理會秦先生動聽的說辭，黎明時分便告辭回臺。

沒有結果的談判並不意味著是我們的失敗，恰恰相反，我們能從中校驗自己的原則，累積對付這種對手的經驗，為將來的合作打下堅固的基礎。如果對方真的需要你，他們一定會再來找你，那時你將得到一個理想的結果；如果不是，則此次合作的前景一定是「極不美好」的。

很不幸的是，無論我在人們面前多少次強調耐心和繼續收集資訊的重要性，我甚至在不同的場合專門抽出時間告訴人們（客戶）要爭取足夠的時間讓自己單獨和安靜地決策，特別是要在深刻了解對手的意圖後再對協議發表意見，可他們還是不願意認真去做這件事。他們太想把握機會，也過於害怕隔日事情就發生變化。人們總是說「過了這個村就沒這個店了」，正是有這種心態才被談判高手所利用。

第一，坦然面對自己的弱點，並要努力改正。要想真正地了解自己的對手，你首先必須承認自己的無知和經驗的欠缺，但對於大多數人來說，要做到這一點十分不容易。只有發現並接納了自己的弱點，你才不至於在關鍵時刻盲目自信。

第二，千萬不可過於急躁。你要承認自己並非無所不能的，也要明白自己不可能事事、時時判斷正確，而且你的答

案很可能就是錯誤的。有鑑於此，你要爭取讓自己在一種心平氣和甚至有時間一個人安靜地喝杯茶的情境下再做決定，而不要受制於時間的壓力。

暫時中止談判需要注意的問題

技術派的談判家在控制方面也有其自身的優點，他們是細節處理專家，懂得從不被人注意的細節入手，為自己創造優勢。尤其是在首次談判中他們總能留給對方非常好的第一印象，也能根據其特點和核心利益點制訂出每一次衝突與談判的解決方案。談判的階段不同，人們關注的點也不同，故而談判需要你緊抓每一個關鍵點，了解雙方分歧的真正原因，做好必要的技術性工作，比如時間和地點安排等，這對拿到理想的結果也非常重要。

安排時間的技巧

「時間就是金錢」這句話無人不知，但你懂得如何安排一個最利於己方談判的時間嗎？你明白一天的 24 小時分別代表什麼意義嗎？你清楚不同的時段對人的影響嗎？你是喜歡早晨還是下午？你把商談重要合約的時間是定在中午還是黃昏？你考慮過對方從飯店趕往會場的時間嗎？時間的安排是非常重要的環節，很倉促的話就會準備不足，匆忙上陣，

在心浮氣躁中無法從容有序地實現既定的策略；而如果時間被拉得很長，又會耗費大量的精力，降低談判的單位時間效率 —— 時間產出低，閒聊的機率增加 —— 而且隨著時間的推遲你也給了對手思考與應變的機會，各種環境因素都有可能隨之發生變化。

★ 別在清晨（上午 10 點前）做與己方付款相關（購買）的談判，但要把與對方付款相關的談判安排在這個時段。因為人在此時因頭腦不清晰易做衝動決策。

★ 中午 12 點到 14 點適合進行階段性合作（中期）的商談，不宜進行短期和長期協議的溝通。因為這個時段人的精力和時間最為緊張，既不利於快速決策也不利於討論長遠策略。

★ 下午 4 點左右的兩小時內可以進行創造性工作的談判，這個時段人的創造力最為活躍，思維豐富，易於迸發靈感。

★ 時間應首先遵循己方的需要，其次再考慮對方的要求。會談的時間不應過長也不能過短，初次談判的時間在 3 小時內為最佳，要充分考慮到會前和會後的時間安排，不要製造緊張氣氛。

選擇談判地點

日本是一個資源短缺的島國，鋼鐵和煤炭十分缺乏，而這兩樣澳洲全都有，並且十分豐富，日本希望從澳洲大量購買鐵礦石和煤，雙方就此展開了談判。從供需角度看，日本顯然是談判桌上的弱勢一方，處於求購者的不利地位，澳洲既可以選擇賣給日本，也可以選擇不賣給日本，日本卻沒有其他選擇。但日本人的辦法是，把澳方的談判代表請到日本去。當澳洲人去到了日本，他們在談判桌上的天然優勢就被日本人的主場優勢悄悄地抵消了，雙方地位發生了顛覆性的變化。最後日本人拿到了對自己較為有利的合約，成功簽下了購買協議。

內斯納說：「盡一切可能讓自己成為『東道主』。」把選擇談判地點的權力牢牢抓在自己手中，有利的環境因素往往能增加己方的信心，增加對方的談判難度。這就是所謂的「主場談判」的優勢，在我們自己熟悉的地方與對方談判，因為各方面比較習慣，生活起居、睡眠、飲食出行、人際關係等都不會受到影響，處理各種事務便有天然的主動性，利於我們拿到談判的主導權。

★ 實力弱的一方很難獲得主場優勢，但要爭取成為東道主，接待對方可以為己方加分。

★ 強勢談判者選擇談判地點時，應盡量安排在自己所在的

城市，但不要在本方的公司總部。適當的距離能讓己方團隊更放得開。

★ 不要在飲食、起居、出行、服務上刁難對方。作為東道主要提供超出預期的優質服務，建構己方的心理優勢。

平衡雙方的需求

每當完成一次談判時，我都會習慣性地站起來跟對方握手，告訴他這是一次令人愉悅的談話，感謝他讓我有所收穫。在 FBI 工作期間，我總計參與過七千餘次偵訊和各類談判活動，接觸對象有各式各樣的嫌疑犯、金融家、政客、新聞記者和企業的高級主管。我和他們每個人握過手，說過差不多同樣的話。

學會祝賀對方

無論你們是吵得不可開交，還是你覺得對方的談判技巧有多麼差勁，談判結束之後一定要祝賀對方，也要向對方表示感謝。你可以這樣說：「你們非常棒！我知道我並未取得預期的結果，但你們讓我學到了很多知識，在這場談判中受益匪淺。你們做得太好了！」我一般在握手的環節祝賀他（們），這段話不用太長，三至五個句子即可，語氣不要誇張。

記住，祝賀對方的目的是讓對方感覺自己從這場談判中獲勝（至少贏得了對他很重要的東西），這能排除掉一些「情緒隱患」，即因為激烈的談判而導致對你個人的不良印象；因為談判中對利益的妥協產生的不平感；因為漫長的拉鋸消耗的心力而導致的精神壓力。我們要消除這些談判帶來的有害的副作用。

盤點和省視

優秀的談判人員總是希望能讓自己的對手滿臉笑容地走下擂臺。我提倡人們在談判開始時一定要學會提出一些超出自己預期的條件，然後在對方的施壓下和條件交換中慢慢降下來。除此之外，我們還能透過其他的策略讓對手獲得自己正在取勝的感覺。

最後是對談判的盤點和回視：

· 這個交易條件是我想要的嗎？對我有利嗎？
· 談判過程中我犯了哪些預想之外的錯誤？
· 如果重來一次，有哪些事情我會換一種做法和說法？
· 對方真正的擔心和期望是什麼？
· 如果未來有變數，有沒有啟動二次談判的可能？
· 下次談判中有哪些環節需要改進？

　　盤點和省視是我們必須做的功課，優秀的談判人員和那些著名的談判專家在這項功課上花費的時間比普通人閱讀談判書籍和準備談判資料花費的時間還要多。一次 10 分鐘的簡單談判，他們也可能另外拿出 30 分鐘進行複習，在腦海中回放「錄影」，如果有現場錄音或是影片會議，他們便會反覆回放。這既是對對手的尊重，也是提升自己的談判能力的重要途徑。

第四章 ╱ 平衡—怎樣化解誤判所導致的僵局

第五章
信任 —— 建立深度信任，掃清合作障礙

　　談判中最難的是建立信任，正因如此，才要把信任
作為一項基礎工作貫徹始終。

章引：消除猜疑是談判中最難的環節

即使在熟悉的人之間，建立信任也並非想像的那般容易。對於很正常的事情，我們也會在自衛心理的主導下頻生疑念：「難道他沒騙我嗎？」懷疑的種子一旦播下，猜疑心便越來越重。在談判桌上，我們和對手四目相對時，你能強烈地感覺到雙方是隔著厚厚的一層紗在互相試探。

談判的成功與否往往取決於你是否能消除對方的猜疑，這是最難的環節。我們可以做無數承諾，展示最大的誠意，但這只是其中一方的事情，如果對方不接受，你所做的努力都將白費。特別是當我們遇到一些孤僻、固執、主觀、自以為是、自大的談判對手時，猜疑明擺著是他們的天性，要想獲得談判的成功，就必須明白和尊重他們尋求安全感、支配感的心理。為了取得對方的信任，我們要做大量的準備工作，透過種種方式及時消除他們的擔憂。建立信任是一項無比重要的基礎工作。

你的善意，需有底線

　　我的一位朋友做生意，每年要談十幾個專案，和上百家公司合作。他的談判經驗當然很豐富，但是也有一個困惑：「我對人這麼好，他為什麼不領情？為什麼我越熱情得到的回應越冰冷？」他舉例說，客戶從南方遠道而來，自己作為東道主把招待工作做得十分到位，飯店、出行、飲食、娛樂活動等無微不至。談專案細節的時候自己也推心置腹，務實而不務虛，很想藉機跟對方好好合作一次，大家一起發財。「可我發現對方的反應很冷淡，來之前電話溝通時挺順利的，見了面之後他又謹慎起來，非要回去考慮幾天再答覆我。」他對此百思不得其解。

　　這位朋友人很善良，在生活、工作中的品行有目共睹，員工視他為「大哥」，親戚朋友和他的關係也很親近。他唯一的缺點就是在商業談判中過於表現自己的善意，動不動就「掏心掏肺」。他忘了商業合作中的一條黃金定律：對人太好，效果適得其反。

　　另一家公司的黃總也遇到過這種情況，他和一位客戶談合作，考慮到對方的資金尚不充裕，便主動把 7.5 美元的產品單價降到 7 美元，又允許對方將支付尾款的時間從交貨後一個月內延到三個月內。黃總是想借此搭建長期合作的橋梁，實現互利雙贏。雙方正式簽合約時，黃總握著對方的手

133

真誠地說：「希望我們攜手共命運，同心促發展！將來產品規模做出來了，我們再看看如何制訂更有利於彼此的合作方案，我相信你和我一定能在這個行業一起闖出一片天！」他以為對方會很感動，但出乎意料的是，那人只是淡定地說了一個「好」字。

幾個月過去，第一批產品很快賣完了，市場反應很好，對方也如約在交貨後三個月內結清了尾款。就在黃總滿心期望能和該公司簽訂第二批、第三批的供貨合約甚至達成長期的策略合作時，對方卻不再找他進貨了，而找了另一家企業。黃總打聽到，另一家企業的供貨價格是不打折扣的 7.5 元，結清尾款的時間是交貨後一個月內，而且雙方還在談長期供貨的事宜。黃總頓時坐不住了，馬上聯繫那個人，想問清楚怎麼回事，結果對方說：「繼續合作也可以，價格還是 7 元，尾款結算如果能商量，您看能不能改到交貨後四個月內？」聽到這個要求，黃總的肺快炸了，一氣之下掛斷電話，把對方拉進了黑名單。

為什麼黃總 100% 的真誠付出換來的是這個結果？為什麼黃總的善意對方一點也不領情，甚至還得寸進尺？現實中不少人都有這樣的經歷和體會，他們覺得自己一心為對方著想，「我的一片苦心你怎麼不體會呢」、「我對你這麼好，你怎麼不珍惜呢」，如果你也是這麼想的，那就趕緊改掉這個缺點。

　　這是因為，單方面強加於對方的真誠和善意，只會傳達出兩種訊號：你這個人很狡猾，可能有圈套；你這個人很傻，可以被利用。所以你的一片苦心在對方眼中也許是一種另有所圖的表現，當然會讓他們心生猜疑了。

　　談判中如何向人表達自己的善意是一門要求很高的技能，既論心意又講究技術。就像演戲一樣，太「面癱」了不好，太浮誇了也不行。我從來都不主張為了換取信任而主動去打開心扉，這種紆尊降貴的真誠帶給你的八成是輕視，而不是你想像中的感恩和尊重。

　　第一，真正為對方著想，只需要拿出 70% 的善意。我對一個人再好，也會留出 30% 給自己，不會對他付出全部，在對方看來這叫理性。理性的善意才讓人放心，毫無保留的善意即使沒有陷阱別人也不敢接受。你要真正地為對方著想，就得設身處地為對方考慮，不要為了真誠而真誠。

　　第二，消除猜疑，需要在「正確的時間」使用「正確的方法」。想取得對方的信任，時機和方法都很重要，不能一廂情願地覺得「我隨時隨地都要和別人坦誠相見」、「我只要對他好就不用管時機或方法」。不恰當的真誠傳達的是粗暴和強制的壓力，不會給你帶來正面的回饋，倒是會加重對方的疑心。別人一定想：「沒有無緣無故的愛，他對我這麼好肯定有不可告人的目的。」然後對你加倍提防。

條件可以高，但要門當戶對

我和合夥人彼得的第一次見面是在華盛頓聖伊麗莎白東區附近的一家安靜的咖啡廳，這裡有一片新建的公園綠地，車流少，氛圍適合談正事。彼得準時到來，剛放下包便拿出一疊厚厚的文件，是他準備數週和公司有關的資料，最上面的一張 A4 紙則是他列出的合作條件。

不過還沒等他開口，我便主動說：「彼得，我給你 12% 的股權。」他一臉驚訝，把那張紙舉起來，上面股權的部分寫著一個數字：8%。「你別著急。」我示意他先等我說完，「因為我有一個條件，也就是拿到 12% 股權的門檻，你不用全額出資，6% 的入資就可以，但你要把自己在司法部的兩名前同事挖過來，他們各自得到 2% 的股權。」他想了不到一分鐘便同意了。我們度過了一個愉快的下午。

談判中無法避免討價還價，因為這是商業合作的基礎手段，是每個人都避免不了的，但討價還價既不是結果，也不是我們要享受的過程。有時候在條件的拉鋸中過分計較，不但獲得不了有利的局面，反而有損彼此間的信任，很容易給對方留下一個惡劣的印象。所以在談判中必須謹慎地爭論，討價還價時適可而止，不能無休止地糾纏。如果有可能，像我和彼得的合作一樣，率先出招，開出一個好的條件但同時也提出一個高標準的要求，這麼做最容易取信於人。

　　第一，開出的條件要高於預期。無論你是採購方還是供應商，是股權談判還是單純的合作專案，你報出的第一個條件會影響對方今後與你合作的心理價位，也會影響你們的談判策略。開出一個比對方的心理價位略高的條件，能較快地展現自己的誠意，打消對方的顧慮。

　　第二，合作門檻要高標準、嚴要求。優秀的企業家在選擇合作夥伴時並不吝嗇於所付出的報酬，他們比一般企業家更願意讓自己的合作夥伴從專案中獲得更大的收益，所以他們捨得給錢給權，比如在股權的設置、價格的擬定上都比較大方。但與此同時，優秀企業家對合作夥伴的條件要求也是很高的，會追求「門當戶對」，在各個方面都有比較高的門檻。這保證了雙方合作的品質。

　　有的談判人員覺得，現代商業談判的結果在事前是難以預料的，總要談到最後才知道結果。這個觀點在我看來只對了一半：看不到結果的是庸才，能看到結果的才是談判高手。或者可以這麼說，優秀的談判人員對結果是有一定預判能力的，在談判中他們有豐富充足的預備方案，有靈活有效的手段，能綜合運用各種工具調動對手的情緒和行為，使局面朝對自己有利的方向發展，然後得到自己想要（或至少不壞）的結果。「非理性情感」的正面價值就在於，聰明而優秀的談判者可以伺機激發對方較不理性的情緒，比如喜悅、震驚、氣憤等，並從中獲得超乎尋常的談判收益。

不尊重你原則的人不值得信任

　　如果你總能堅持使用客觀標準而不是你的個人立場，就能長期贏得人們的尊重。什麼是客觀標準？什麼又是個人立場？打個簡單的比方：「你為何讓我坐在低矮的椅子上，還背對著大門？偶爾一次罷了，每天這樣是為什麼？」如果你回答：「好的是我疏忽了，現在就幫您調整，非常抱歉！」這是客觀標準。如果你說：「有什麼大不了的，你就該坐在那裡，因為你不夠重要！」這便是個人立場。堅持客觀標準最重要的是奉行一種遵從和對等的原則，即「己所不欲，勿施於人」。我們不論是為人處世還是生活工作，人人都是有基本原則的，商業談判也是如此，當涉及原則問題時，不要輕易討價還價。

原則問題不容談判

　　華倫・巴菲特（Warren Buffett）被稱為股神，實際上他並非靠股票起家，他是近四十年來全世界最優秀的價值投資者之一，在收購、投資被低估的企業方面有著無與倫比的敏銳度。他說自己是一個非常注重原則的人，投資一家企業的時候一定會對之列出幾項絕不通融的基本原則；只要從該企業收集的數據中，有任何一條違反他的原則，他就不會進行投資。收購一家企業同樣如此，巴菲特的既定原則不容談

判。就是說，一位成功的商業領袖會為自己建立防火牆，透過設置基本原則來規避任何潛在的風險。這表明，要向對手展示自己的誠意，就不要觸犯對方的談判原則。比如關於價格的上限和下限、數據的收集標準、品質的評估要求、票期的規定等。凡是不能更改，凡是「只要更改就會取消談判」的條件通通可以納入原則的範圍。具體很難定論，不同的環境下人們會有不同的定義，你可以在談判之前的準備工作中提醒自己不要越線，以免激怒對方或失去對方的信任。

談判時問一下自己以下幾個問題，對避開原則的雷區是有益的：

1. 有某種策略能讓我贏得談判，但我會對親朋好友使用這種策略嗎？
2. 將我的談判策略公之於眾，我會感覺到難堪嗎？
3. 在對手的眼中，我的談判策略是否正當？

這類問題並不是要透過別人的評價幫助你了解自己內在的價值和修正行為模式。沒人能左右你，你必須自己決定，並從客觀的角度，選擇使用那些在我們看來恰當與有效的手段。所謂的恰當與有效，就是要用誠實、可信、尊重對方的方式就彼此共同關心的問題達成協議，別觸碰對方的底線，但也要捍衛自己的原則。

　　總而言之，談判中你要隨時做好準備，對付一些可能激怒你的陰謀詭計。你要保持初心，堅持不棄守底線。你也完全可以尊重對方的原則範圍，並和對方一樣立場堅定，不讓自己成為個人立場的犧牲品。

謹慎對待涉及立場的問題

　　有人問：立場在一定程度上也是原則問題，我們碰到非常重要的立場問題難道就不能討價還價嗎？這麼做是否有道理呢？

　　我的回答是：維護個人立場對實現自己的談判目標當然是必不可少的，人不可能完全放棄自己的立場去遵守絕對客觀的標準，甚至遵從對方的原則。但是，無論你認為自己的立場有多麼正確，在對手面前捍衛它的時候都要採取一種謹慎的態度，避免刺激對方。就立場討價還價是很容易的，無非就是「我對你錯」那一套，人們經常使用這種方式，因為它合乎本性，不用訓練便可擁有這種能力，這不足為奇。它也無須做特殊的準備就能被人們理解 —— 你甚至只透過手勢就能傳達出自己堅定的立場。並且，人的這種反應也是在自己和對手的預料之中的。在維護自己的立場方面，我們天生就是優秀的辯士。相比之下，使用公正客觀的標準，放棄自己的部分立場去尋找背後的共同利益，為實現雙方的目標制訂和選擇方案，要做到這些是很艱難的；而這才是展現一個

人優秀的談判能力的時候。它要求你冷靜地思考、沉穩地表現和獲得對手的認同。

任何情況下，尊重彼此原則的談判所得到的結果都是較為理想的，至少你和對方在這個過程中能達成令自己滿意的大部分協議，這遠比為了個人立場而展開激烈的爭吵所拿到的結果更理想。為了達到這種境界 —— 雙方都能放下立場之爭而採納客觀標準，心平氣和地進行磋商，我們要先考慮清楚以下幾個問題。

- **問題一：為什麼要避免主觀決定？**

  換句話說，避免主觀決定對我們有多重要？舉幾個例子：你在和建築承包商就自家別墅的地基問題進行談判時，我相信你不會因為自己的主觀判斷而與對方糾纏不休，因為你不如對方專業，地基問題也決定了你居住的安全性。這時人們很容易放下個人立場，採納最專業的意見，哪怕是你最討厭的人提出的意見。當你在購買一件獨特的古董時，你一定要堅信自己殺價的策略是對的，銷售商的專業意見不會改變你殺價的決心。為什麼？因為你需要省錢，不像地基一樣還要考慮安全性。

  儘管人的動機是由需求決定的，但在選擇談判方式時一個值得考慮的問題是 —— 我們需要在多大程度上注重解決問題的答案而不是維護自己的個人判斷？在碰到那些

諸如地基的討論時，某些個人立場是一定要放棄的，否則不但拿不到一個好交易，還會給自己帶來危害。

- **問題二：我們面對的問題有多複雜？**

  碰到的問題越是複雜，談判中採用在個人立場上討價還價的方式就越是不明智。個人立場會把事情搞得更複雜，致使專業意見難有作用。複雜的問題要求我們坐下來秉持客觀原則，仔細分析共同利益以及還有協調空間的不同利益，一切以解決分歧為目的，需要大家動動腦筋，各抒己見。否則問題不但解決不了，還可能導致合作關係破裂。只有雙方抱著合作雙贏的態度去溝通，談判才能順利達成目標。

- **問題三：雙方維持良好的合作關係有多重要？**

  維持良好而長遠的合作關係需要滿足很多條件，其中最重要的條件便是信任。如何才能加深互信？宣示個人立場可以造成正面作用嗎？假如對方是一位重要的客戶，那麼保持你們之間的良好關係比做成任何一宗生意都重要，你要從維持關係的角度出發，考慮單項專案的談判和合作。這並不意味著你不需要堅持自己的利益，而是告訴你 —— 別使用威脅、最後通牒等會危害合作關係的手段，也不要將你的個人見解強加於對手的意志之上。不是讓你屈從，是希望你別惹惱對方。

打個比方，假如我們遇到的是陌生客戶或潛在的合作者，雙方之前沒有來往，也不了解彼此，現在開始就某一個問題進行談判時，尋找共同利益的成本便較高，因為各方都擁有極具競爭力的機會，互信度也很低。這時，我們不妨堅持一下個人立場，爭取為自己談得一個好價格。這麼做也許能奏效。但是當談判陷入僵局時 —— 對方並不退縮，我們就應當放下個人立場，去積極地尋求共同認可的標準和共同利益。

可以試探，但不要過度刺激對方

有一次，當客戶周先生提出一個問題時，我正想回答，電話卻響了，接完電話只好向他表示抱歉：「其他客戶等我的時間太長了，我去一下，馬上回來，等一下我們再詳談好嗎？」周先生本想站起來拉住我，又感覺不太合適，便說：「快去快回，我在這裡等你！」

從周先生這裡出來，我公司對面的飯店商務套房裡，另一位客戶齊先生在等我。我用了 5 分鐘簡單介紹了公司的政策、條件，明確提出了 60 萬元預付金的基本條件。這是齊先生的公司根本無法接受的價格，他的底線是 20 萬元。於是，我找了個理由請他隔日到公司詳談，便告辭出來。

本來我可以直接回公司去見周先生，但走到公司門口又拐了一個彎。我心想，或許讓周先生多等一個小時更有好處，於是我又到公司的會客室見了另外幾名客戶，重複了與齊先生的對話流程，45分鐘後回到了公司大廳。但這時候，周先生已經起身要離開，他認為自己等的時間太長了，並開始懷疑我的合作誠意。當我請他坐下談一談條件時，周先生提出了一個我不能接受的價格。這表明，他受到了情緒的影響。沒辦法，我只好與他另約時間，過段時間再談。

我一向主張在適當的時機可以刺激一下對手，看他是否會變得不理智。激動意味著衝動，衝動就容易做出錯誤的決策。不過在面對陌生客戶時，要避免過度刺激對方，當你激發了對方的防衛本能時，談判的結果可能就不如預期了。你要麼會陷入一場長期對峙的艱苦談判，要麼會因為對方對你感到失望而與你分道揚鑣。

你的方案和能力是獲取信任的關鍵

我很喜歡去好萊塢的編劇公司聽他們開策劃會的原因在於，在那裡我總能聽到一個全新的世界。

再聯想到自己的客戶，他們最希望從你這裡得到什麼呢？是一張建築圖紙，還是一個關於如何攻占系外行星的劇本呢？顯然都不是。客戶是最現實的，他們希望你的計畫能

為他賺錢。客戶是務實的，如果你比他還要務實，那就擁有了取信於他的前提。

取得對方信任的最有效率和最徹底的辦法，就是展示出你解決問題的能力。在談判中，我們不僅要有讓人滿意的合作計畫，還要有充足的替代方案，以保證不論出現任何意外，合作都能順利完成。

要真正提升解決問題的能力，你只能依靠自己。就像僅靠閱讀《空軍手冊》是不會讓你成為一名合格飛行員的，只是收集關於足球、游泳、馬拉松或證券操作的書，也不會讓你成為這些方面的專家。必須在工作中加強自己的實戰經驗，擁有解決各類複雜問題的能力，從能力層面贏得對方的尊重和信任，這比訓練自己的談判技巧更為重要。

信任是發自內心的力量

信任不是掛在嘴上和擺在桌面上的，而是發自於內心。也就是說，要想和你的合作對象建立真正的信任，消除合作的隱患，你就要深入與對方交流，從心靈層面解決信任的障礙。

例如，當你在分析對方的情緒以及情緒產生的原因的時候，不要只站在自己的角度思考如何將利益最大化，要想辦法讓自己站在對方的角度換位思考，去體會他在整個情境當

中的利益取捨，想一想：他為什麼選擇 A 而不是 B ？他有什麼擔憂、苦衷和困難？他對我還有什麼顧慮？

因為我們每一個人在做決定時一定是受到了某種利益的誘惑，或者遵守了某種規則，想要迴避某種風險……總有個原因，不會有例外。假如你能夠在換位思考中徹底摸清對方的思路，那麼你便很有可能對這個人的想法一清二楚，至少能知道他的心裡在想什麼，從而幫助自己做出正確的決策。

如何引導對方的思路

我向人們推薦的原則是：談判中永遠不要讓對方掌握對話的主導權。這是一條鐵律，是應盡一切努力達成的目標，因為對話由誰引導，誰就占據了談判的優勢。所以要爭取去引導對方的思路，讓對方順從於你的思維模式，但與此同時你在自己的語境中要表現出對於對方利益的關切，使對方放心地跟著你的思路。

第一：引導對方的思路，需要你充分地了解對方的習慣、需求和時間優勢。對方的時間越緊張，你就越容易占據主導權。

第二：多關心對方的利益需求，並對此提出解決方案，才能有效地引導對方的思路，將談判節奏掌握在自己的手中。

另外，我們要小心謹慎地對付那些心思深沉的人，他們的策略較理性，準備周密，在談判中很少有情緒化的表現，

因此很難應對。如果你的對手是這樣的人，你就要做更充分的準備，去調查、研究他的弱點，挖掘他的真正需求，找出他的底牌，再想辦法擾亂他的計畫，向他灌輸自己的思路。

初心 ── 他最關注的是什麼

你知道自己的談判對手心裡最關注的事情是什麼嗎？

每個談判的參與者都有自己思考問題的角度，想的東西各不相同。即使是同一方的代表人員，不同性格的人所持的思考角度也有區別，甚至連利益需求點也不一樣。這是因為，一家企業的談判代表是由不同部門的人組成的，除了代表企業的利益，他們還要為各自部門的利益而戰。很顯然，假如你能打聽到對手最關注的是什麼，然後進行有針對性的溝通，滿足他們的利益出發點，就能在關鍵時刻引導對手的思路，取得對手的信任。

實現信任的三個階段

當我們能夠和對方開誠布公地表達各自的關注點、階段和願景目標時，便意味著談判正式上了軌道。這將是一次好的談判，即便沒有達成任何協議，它對雙方也是有益的。記住這個結論。想達成這樣的局面，需要彼此信任。在談判桌上，互信是最難的，這一點在不同文化背景相互碰撞的談判

中表現得尤為明顯，我們想與文化背景不同的對手彼此信任總是極為困難的。

　　著有暢銷書《全球談判》的珍妮・M. 布雷特（Jeanne M. Brett）在凱洛格管理學院研究跨文化的談判長達十餘年，收集到了豐富的案例。她認為，要成功地應對不同信任程度的談判方並且得到一個好的談判結果，應該首先評估他們對於彼此的信任（或者懷疑）程度，然後要把雙方的關係劃分為三個層級：

- 很有可能互相信任（第一層級）：雙方都認為對方是值得信賴的，願意了解和親近對方，建立牢固的長期合作關係。在這一層級中，人（雙方）的行為具有清晰的可預見性並能保持前後一致，極少反悔，也不太可能突然做出超出對方預料的事情。而且，我們也願意從對方的角度思考，認為這麼做是有必要的，能重視和實現雙方的共同利益。

- 可能互相信任（第二層級）：雙方都能強調長遠目標，試圖磨合，尋找共同利益。在談判中也能專注於事情本身，並不針對個人。同時，雙方能做到著眼未來，確定彼此的利益範圍，看能否找到交集。在這一層級，我們與對方至少不是敵人，或者說有共同的敵人，需要我們團結起來，找到共同解決問題的方案。

- 不可能互相信任（第三層級）：信任指數為零而且前景不明，這是大多數人剛開始談判時的狀態，這種狀態往往難以改變，會一直持續到談判結束。處於這一層級中的人會互相提建議，但又不採納對方的建議；會互相讓步，但又嫌對方的讓步不夠；會追求客觀標準，但又覺得自己的標準更客觀。總之，必須從這一層級躍升到上一層級，才有可能與對方建立信任。

　　對人和人的關係而言，與處於第一層級或者第二層級的談判方一起合作當然是優先選擇，因為有更大的機會建立實質的信任關係。和他們談判，你會發現付出的無效成本（也就是因談判破裂而無法收回的成本）更少，報酬率更高（合作成功的次數多）。而且這兩個層級之間是一種遞進關係，處於第二層級中的關係如果都能著眼於長遠目標或者是一個非常好的共同願景，便可能順利地上升為第一層級，從「可能互相信任」轉化為「很有可能互相信任」甚至達到「真正的互相信任」這一最終目標。然而，心理學專家和商業學者的共同研究顯示，「不可能互相信任」的關係在商業活動中占大多數，且對人的影響是根深蒂固且難以撼動的，這說明我們要取得對方的信任是很困難的，需要做更多、更有效的準備工作。

第六章

針對性賽局 —— 解決故意製造僵局的人

據統計,談判中有63%的僵局是人為因素造成的,
故意製造僵局的人的動機通常上不了檯面。

章引：如果對方不合作怎麼辦

我們經常遇到不按牌理出牌的對手，具體表現為當你想討論共同合作的利益前景時，對手卻跟你談立場。他們不考慮利益，只想用立場的標準丈量你是否和他們保持一致。當你期望能簽訂一份嚴謹並滿足雙方需求的協議時，對手卻一味攻擊你的提議和條款，一心只想最大限度地滿足他自己的利益。他不考慮你的需求，只想讓他自己的利益最大化。當你就問題本身進行討論時，對手卻對你展開人身攻擊。他不想心平氣和地分析問題、解決問題，只想針對你個人發動攻擊，企圖以羞辱你的方式讓你屈服。

在談判中，這類對手是故意製造僵局的人。可以說，談判的困難通常是這種人製造的，此時你面臨的不是事情的分歧，是人的衝突。如何才能讓對方從立場的爭執轉移到看清事實、講道理的層面上來呢？對於這種情況，我們需要具備直指問題核心的能力，把人和事分開，用有效的手段解決那些製造問題的人。

在對方不合作時，我們的基本策略是：首先明確自己「能夠做什麼」，是注重原則還是分化對方團隊的立場，要不要使用具目的性的強硬手段向談判桌對面的對手展開攻擊。本章從賽局理論的角度向您闡述

遵循原則的重要性，這對打破僵局、實現目的是極
為重要的，因為這種方法極具影響力，也為那些僵
持於利益、方案和立場的人提供了光明的前景。事
實上，我們只要確保雙方就原則層面達成共識並進
行談判，就能由始至終成功地控制局面。

當你遇上了「強硬分子」──不談利益、只想出難題的人

史丹佛大學商學院教授戴維‧M. 克雷普斯（David　M.
Kreps）在他的《賽局理論與經濟模型》一書的引言中說：
「在過去的一二十年內，經濟學在方法論以及語言、概念等
方面，經歷了一場溫和的革命，非合作賽局理論已經成為範
式的中心，在經濟學或者與經濟學原理相關的金融、會計、
行銷和政治學等學科中，現在人們已經很難找到不懂奈許均
衡就能了解近期文獻的領域。」

為了方便理解他的這段話，我簡單列舉幾個數據：

FBI 國家學院從 1997 年起在六十五項培訓中加入了賽局
理論課程，奈許均衡是每一名學員的必修課；

哈佛商學院在 2017 年的 MBA 課程中重點突出了賽局理
論的學習和考核成分；

矽谷和華爾街近兩年有 4,000 餘人成功獲得投資銀行的

青睞，總計拿到了八千億美元的融資，這些人中有 68％均學習過賽局理論，有強大的數學能力。

維斯蒂莉離開 FBI 後，先在華盛頓州政府下的某機構待了一段時間，為各部門首長處理棘手的公關問題，後來又到矽谷的科技公司為他們做商業談判和情報分析工作，累積了大量的實戰經驗。她再也不是當年的菜鳥，而是搖身一變成了一名成熟的商業談判官。有一次我在電話中問她這麼多年的談判經歷讓她收穫最大的是什麼，她回答說，仍然是怎樣跟難對付的人打交道。

「如何對付強硬派一直是『人』的最大難題，不同的領域你會碰到屬性完全不一樣的強硬分子，有的脾氣硬，有的態度冰冷，總之各具特色，你得想辦法擊潰他們。」她笑著說。不過她總結出了一套獨門祕笈。談判桌上也存在一條弱肉強食的食物鏈，而她始終爭取做最上層的那一個。她讀懂人性，成功地找到了自己的立足之地。

談判桌上的強硬分子一般有以下幾個特點：

1. 咄咄逼人，絕不讓步，而且不達目的誓不罷休。（第一次出價就是他的最終出價）

2. 得理不饒人，沒理也會反咬你三分，尋找機會攻擊你的弱點。（純進攻型談判者）

3. 寧可自己賠錢也不讓你賺錢，頑固堅持個人立場。（損

人不利己型談判者）

4. 有溝通障礙，自戀和迷信自己的標準，對尊嚴十分敏感。
（一言不合就翻桌）

這是一道單選或多選題，具備上述任何一條的就已是很難纏的對手了，若四條同時具備，在談判時便極難與此人溝通；若和這樣的對手較量，恐怕你傾盡全力也難有半分收穫。強硬分子對合作賽局的破壞力是巨大的，許多前景美好的談判都被他們破壞。他們是談判桌上的不確定因素，是己方最討厭的人。

怎樣對付這類人？維斯蒂莉曾經與我分享她的經驗，她說第一條原則是先將對手分門別類，差別對待，看對方是性格強硬，立場強硬，還是方案強硬。第二條原則是必須在恰當的時機回擊對手，讓對方感覺到自己遇到了一座陡峭的高山而非平緩的小丘。如果你沒有任何行動，對手會毫不猶豫地打壓你。

第一，反擊性格強硬的對手：兩次溝通不成功便放棄溝通，我建議談判人員養成拒絕與性格有問題的人進行談判的習慣。性格過於鋒芒畢露的人是談判桌上的殺手，他們通常是對方派來搗亂的，所以別上當。

第二，反擊立場強硬的對手：立場問題一般很難協調，對於因立場對立而表現強硬的人，要清楚他們背後的勢力，

謹慎行事，不要只顧跟個人針鋒相對。

第三，反擊方案強硬的對手：我喜歡對方在具體的方案（計畫）問題上主動與我爭論，這表示我們已擁有了一定的共識，現在只需解決細節和執行上的分歧。對這一類對手你要拿出具有足夠說服力的方案，必要時可以考慮適當的讓步。

是誰想讓你出洋相

談判的最終目的是促成人和人、企業和企業、政府與政府的合作，最直接的表現形式便是達成一個雙方滿意的協議，或讓對方配合自己的要求，共同完成一件事情。如果不是為了這個目標，談判便毫無意義可言。但是我們會碰到這樣一種普遍的情況 —— 不論你的誠意多麼充足，態度多麼鄭重，條件多麼優惠，對方就是不合作、不配合、不積極。在這種「三不」原則之下，他們的言行展現為對你的立場缺乏理解，對你的要求視而不見，對你的態度冷若冰霜。

當你想討論利益時，他卻只談立場；當你希望達成一個雙方均能獲益的協議時，他卻只想最大限度滿足自己的利益；當你就事論事地想討論問題時，他卻對你進行人身攻擊。

對付這種讓人頭疼的人，有時你會心生厭倦地想放棄這樁生意，或者不想再管這件事。遇到這類情況時如何處理呢？有三種基本策略。

- **第一種：基於你能做什麼**

  先檢查自己的「軍火庫」。你能做什麼其實不是完全由你決定的，而是受你的能力、構想和相關原則的彈性而左右的。比如，你的實力強到可以忽視他的反對意見，事情就變得簡單了，你完全可以居高臨下地發出最後通牒而不必擔心他會跳腳；你的構想中並不只有他一個選擇，那麼你可以同時聯繫其他的潛在合作對象，這會給他施加巨大的競爭壓力；你的原則並不是死板僵化的，有一定的調整空間，你也可以適當改變自己來適應對方的風格，看能否找到新的一致性。

  可以注重原則而不是立場。「遵循原則而非立場」是本書主張的談判思想，我希望所有讀者在碰到這種情形時都要注重原則，不要加入一場對立的、注定雙輸的「立場戰爭」。尋求原則、願景、利益的磨合的方法極具影響力，也為每一個領域內的合作指明了成功的方向。只要你願意放棄立場之爭，就能與原先不願合作的談判對象打開一扇新的溝通之門。

- **第二種：關注對方能做什麼**

  假如第一種策略很不幸地未能奏效，對方繼續在立場上討價還價，並更過分地採取對抗、拖延等策略，表現出一種就是不想配合的強硬態度，你就可以採用第二種策

略 —— 關注對方能做什麼：

◆ 他這樣做想達到什麼目的？

◆ 他具體能做哪些事破壞談判？

◆ 他還能做什麼？

◆ 他的問題出在哪？

◆ 他是怎麼定義這次談判的？

這個分析的過程所造成的作用是把我們的注意力轉移到實際問題 —— 雙方的矛盾上來，看清對方的意圖並預測他下一步的行為，再決定自己的應對策略，以阻止雙方陷入持久的立場之爭。

第三種：關注第三方能做什麼

我建議那些在談判中總是處於被動的人引入第三方的力量來幫助自己，彌補自身在資源、技巧、經驗和信心等多個層面的不足。如果對方表示了他的堅定立場，他不管你如何去談就是不想合作，他希望你輸而他獨贏，想拿走面前全部的籌碼，你對此加以批評和表示拒絕之後仍不奏效，就有必要請第三方加入談判，比如專業的第三方談判團隊、會計師事務所、商業諮詢公司等。大型談判中經常出現他們的身影，為談判雙方提供緩和衝突、深度溝通、尋求最佳方案等作用。

但是，如果對方對你的合理提案視而不見，故意推遲談

判且製造棘手的障礙，你一定會奮起反擊，堅持己見。
假如對方對你進行人身攻擊，你也可能為了保護自己的
尊嚴而以牙還牙。總之，那些不擇手段的對手善於激怒
沒有經驗和閱歷的年輕談判者，直接引發衝突。這時候，
你就陷入了立場之爭。你的拒絕只會讓對方更加死守立
場，你捍衛自己的提議只會讓對方更為固執己見，你替
自己辯護也只能將談判引向人身攻擊的歧途。最後不是
互相攻擊，就是拚命辯解，最終在看不到希望的唇槍舌
戰中，我們浪費了大量的時間和精力。

如果強硬的手段不奏效，應該怎麼辦

即便採取了強硬的回擊手段仍不奏效，對方還是拒絕配
合，而你又無法從談判中主動退出，我們還有什麼方法呢？
怎樣才能躲開對手的陰謀詭計，避免陷入「攻擊和辯解」的
消極循環中呢？我們的答案是：遇到這種對手時停止回擊，
變更思路，以觀察代替回應。

這時候：

★ 假如對方又一次表示他的立場，不要立刻否定；
★ 假如對方又一次反駁你的觀點，不要急著辯解；
★ 假如對方又一次對你進行人身攻擊，不要馬上還擊。

我們有時可以用這種不反擊的方法打破這種惡性循環，

閉上嘴巴讓自己安靜下來，看看對方下一步會做什麼。是會宣布自己勝利，還是不依不饒窮追猛打？這些對他絕非有利的選擇，這會違反他坐上談判桌的目的，因為你可以借此抓住他真正的把柄。一般而言，對手不合作的目的是嚇唬你，是一種欺詐戰術，而非存心不想談判或者想毀掉雙方的合作。當你不再回擊時，他接下來一定會露出真面目。

選擇用柔和的方式躲開對方的正面攻擊，並且將對方的攻擊引導到問題本身：「是否該認真考慮一下如何解決這些分歧了？」在一定的時間過後，對方的頭腦也會冷靜下來，他要麼離開房間，要麼就得正式、主動地討論各自的方案。要避免與對方直接對抗，運用一定的躲閃技巧，借助對方的力量就能達到我們自己的目的。

所以，當強硬駕馭不了局面時，別盲目地去對抗，要走一條迂迴路線，把對方的力量引導到我們想要的情境中來，最終坐下來平靜地探討雙方的利益，制訂共同受益的方案，完成這次不愉快的談判。

反擊不厚道的談判對象

在我的腦海中存有許多談判桌上的負面例子，比如曼哈頓一家德國公司的人力資源總裁霍芬爾德‧蓋勒，他平時溫

文爾雅，到了談判桌上卻是一個極度卑鄙的壞蛋。2010 年
3 月，我曾代表紐約運輸工人工會與他進行一場勞工談判，
事情的起因是：爆發於 2008 年的金融危機持續影響了美國
經濟長達一年半的時間，許多東部的船運公司因業務急遽萎
縮，或破產或裁員，這家德國公司也是其中之一，從 2009
年 1 月到 2010 年 1 月，單是該公司設立在紐約的分公司裁
員人數便高達 247 人，並且沒有按約定支付賠償款。

　　失業者「淨身出戶」，只拿到了兩個月的微薄薪水，卻
要養活一大家子人，很多人的房子被銀行收走，全家流落
街頭，還有人自殺了，以至於國會議員、紐約民主黨人路
易絲·史勞特（Louise Slaughter）也加入了聲援工人的行
列。紐約運輸工人工會聘請我跟該公司談判，提出了三個合
法而且並不過分的條件：①補足勞工法規定的 6 個月薪資
和雙倍補償；②賠償因違約導致的工人家庭的經濟損失共計
750 萬美元；③修改勞工合約中的霸工條款。

　　作為德國公司的代表，霍芬爾德·蓋勒給我留下了迄今
為止最令我感到噁心的印象，是我見過最無恥的談判對手。
正式溝通的當天上午 9 點 35 分，在我方一行人到達會議地點
的 3 分鐘前，他突然打電話通知要改期，理由是：尚有幾頁
法律文件未經董事會審定，請三日後再另約時間。問題是，
早在半個月前我方就把全部文件傳給了對方公司，所有的文

件資料加起來也就 15 頁，一個正常人用不了一天的時間就能看完，對方一家公司的董事會十幾名成員再加上一個專業律師團隊用了 15 天也沒看完嗎？顯然不是，蓋勒採用拖延策略，並以不講信用的方式試圖摧毀我方的耐心。

我接過電話回覆說：「既然如此，我們給你 2 個小時。這 2 個小時是你最後的機會，你要跟時間賽跑。」在對方正要開口時我掛斷了電話，隨後通知了 CNN、《華爾街日報》、《華盛頓郵報》等媒體，我方團隊提供了完整的新聞稿，形象、真誠而略誇張地闡述了事實，我們把問題上升到了外國企業將商業危機轉嫁給本國工人的層面上，這成功地掀起了一波輿論聲浪。就在 CNN 的直播開始 10 分鐘後，蓋勒又打來電話，我們聽到的是敷衍的道歉和白開水一樣寡淡的權益聲明，他認為媒體在誹謗其公司的聲譽。不管怎麼樣，談判終於開始了。在後續的溝通中，他屢次重複拖延的招數，利用延長時間的策略加重失業工人的身心和經濟痛苦，並在對具體條款的磋商中不斷出爾反爾。

要教訓這樣的人，你會採取什麼策略呢？我們並不是說談判對象的人品一定是卑劣和不誠實的，而是要充分意識到一點 —— 為了達成目的，許多對手在談判中會經常使用一些卑鄙的招數，比如拖延時間、毫無同情心、利用你的困境殺價、粗暴地打斷你的發言或發表長篇大論以此來迷惑、擾亂

你的陣腳。這些手段儘管讓人噁心，但充其量不過是一種骯髒的伎倆，我們有很多方法可以反擊並從中取得成果。

三個步驟

當對方使用這些詭計時，你無須自責為何未提早發現（想到）。對付不講理的對手有三個步驟：發現詭計；揭穿詭計；質疑詭計的動機。這三步的目的是揭開對手的面具，進而提出自己的有力構想（公開證明對方的錯誤）。在採取這些應對措施前，要先了解具體的情況，不要急於出手。

第一步，發現詭計。你要學會辨別對方的策略中哪一些是欺騙和卑鄙的伎倆；

第二步，揭穿詭計。你要知道哪些是故意讓你難受的計謀；

第三步，質疑詭計的動機。你要明白哪些問題會使對方陷入立場之爭而不能自拔。

通常而言，對方的詭計一旦被你識破並且公開點破，也就失去了他計劃得到的效果。談判中的人身攻擊就是例證，當對方為了破壞你的判斷力而對你進行人身攻擊，試圖激怒你時，你冷靜地指出對方的目的不但能讓這種伎倆失效，還能削弱對方的公信力。卑鄙的伎倆一旦被公開，便不能再造成傷害，對方的努力也就白費了。光明正大的反擊也能讓對

方因擔心惹惱你而不敢再有類似的行為。所以要對付對方的陰謀詭計，一個簡單的發問就足以讓他們罷休，逆轉形勢。正如我在雙方有二十多人共同參加的磋商中當眾提出的問題：

「蓋勒先生，您無視數百名工人每日流落街頭、缺衣少食的悲慘遭遇，仍然拖延十幾天的行為是希望達到什麼目的呢？是想餓死那些可憐人嗎？」

蓋勒除了辯解和道歉外別無他選，當著一眾媒體，德國公司歐洲總部的高級主管也無話可說。抓住對方的這一卑鄙行徑，選擇一個正確的時間公開打擊，我們很快得到了預期的結果。整個談判歷時 2 個月，事後蓋勒被他的上司解僱，這家公司從此一蹶不振，數年內未能重振旗鼓。

反擊對方的詭計最重要的目的是讓你有一個公平的與對方協商遊戲規則的機會，他們必須重視你，而不是企圖用一些上不了檯面的招數把你玩弄於股掌之間；他們得聽一聽你的心聲，要小心翼翼地與你溝通。尋求解決問題的方法，達成明智且有效的協議，這才是我們談判的最終目的。

不要因小失大

再次強調一條至關緊要的談判鐵律 —— 必須將「人」和「事」嚴格地區分開來。不能因為對方是個使用不正當手段的傢伙，你就有樣學樣，也不擇手段的攻擊他。如果對方繼續反擊，使你產生更強烈的牴觸情緒，你就更難脫離這些

卑鄙伎倆的影響了。你將變成一個自己討厭的人，變得跟對方一樣。由於心懷不滿和怒火更盛，他們還會在其他問題上找麻煩，背後捅你刀子的事情是避免不了的。

　　正確的做法是，你應該懷疑對方的行為本身──「你為什麼做這種事」。不要質疑對方的人格──「你怎麼是這種人」；不要在對方身上貼標籤──「你是個混蛋！你一定是故意的」，這樣只會加劇衝突，你們可能會直接翻桌乃至從此交惡；可以直接針對問題──「我覺得你應該這麼做對雙方才是有利的！如果現在解決不了，我們也可以重新調整日程，但要盡快，我等不了太久」。

　　別將自己的反擊升級為要教訓對方，後者只能轉移談判的目的，使你走入對方的圈套。我們身邊有許多這樣的例子，人們因為對對方行為的憤怒而放下既定的計畫，和對手互相進行人身攻擊。最後除了兩敗俱傷，什麼都得不到。

當你面對無理要求

　　在偵訊中我常碰到嫌犯獅子大開口的情況：全家移民，數百萬美元現金，終身安保，高級公寓，司法豁免權等。當他自恃腦子裡的資訊值這個價時，就會毫不猶豫地提出這些在你看來一點道理都沒有的要求。

　　他們的態度也可能極為蠻橫：

「沒有我你根本沒其他辦法，所以你不想答應也得答應！」

「我就是要為難你，因為你無路可走！」

「超過 30 分鐘沒回覆，價格再提高 10%，你自己看著辦吧！」

諸如此類的話術，一聽就是在要挾，但卻是談判中經常發生的。當你與客戶為了具體的條件想爭取一點點讓步時，對方有可能使出這種殺手鐧，他們不在意你會怎麼想，不考慮你的面子和尊嚴，只在乎他們自己能否得到最多利益。在我看來，這種無理要求的背後也有對方想在咄咄逼人的氣勢下獲取主導權的動機，即便這麼做占不到太多的便宜，他們也能從這個耀武揚威的過程中得到一些心理上的滿足感。

第一，拒絕不僅僅是說一個「不」字。如何傳達拒絕的資訊是一門學問，也有很多專家在他們的書中談到相關內容。在談判中我們同樣也需要拒絕對方的提議，特別是當他們的提議非常不合常理且缺乏基本的禮貌時。不過，簡單地說「不」是絕對達不到效果的，你不需要照顧對方的心理感受，但要充分考量彼此的地位、關係和需求，採取對應的、可以一擊致命的行動。

第二，別讓對方覺得你沒有其他選擇。假如對方認為你沒有他就不行，他對你的計畫十分重要，他就一定會提出各

種苛刻的條件以便在合作中得到最大的利益。他也有可能當眾羞辱你來突顯他的重要性，對此不用感到沮喪，在談判中難免會遇到這種人。要避免發生這種情況，就要讓自己有其他的選擇且讓對方了解這一點。不要過分依賴任何人，要讓對方覺得你的資源優勢是他所沒有的，他連開口提要求的資格都沒有，這樣才能從根本上杜絕對方的要挾。

第三，把總是提出無理要求的人列入黑名單。實在沒法溝通時 —— 比如對方得寸進尺不知滿足，且習慣性地要挾你，那麼你唯一的選擇就是不再跟這類人談判和合作，把他列入黑名單，從此封鎖。現在做任何事情的基礎都是互利互惠，如果對方總想從合作中賺走每一個銅板，那就沒必要再談了。

論據要無懈可擊

談判中所有的參與者均會宣稱自己的主張才是正確的、合法的、合乎原則的。但是只有宣稱還遠遠不夠，一定要有充足且邏輯嚴密的論據證明這一點，才能說服別人，特別是說服那些比較狡猾的對手。

第一，論據要有說服力。不要低估你的對手，他們的找碴能力絕對是一流的。你必須這麼設想：「無論我提出什麼樣的論據，他們都能找到瑕疵並猛烈攻擊我！」所以一定要為自己的論點找到一系列具有說服力的論據。不要提供虛假證

據，比如偽造數據，這只能摧毀你得來不易的「可信度」。

第二，論述要無懈可擊。論述要無懈可擊，這是針對我們的論述能力提出的唯一標準和要求。如何將觀點說得頭頭是道，讓對方聽起來無懈可擊？如何讓有說服力的書面證據在口頭上也邏輯嚴密，使對方無法反駁？你會口吃嗎？你講話時會顛三倒四嗎？你常遺漏重要的環節嗎？必須確認這些問題，彌補這些潛在的缺陷，才能在談判桌上有力且明確地提出自己的主張，並用無可指摘的證據讓對方心服口服。

當你處於談判劣勢時，怎樣先發制人

和大公司的談判是異常困難的，這不只是因為大公司有強大的實力和更多的合作選項，他們並不一定需要你，還因為大公司的談判團隊通常有更高的素養、經驗、自信、資訊收集能力和時間優勢。他們在態度上輕視你，在經驗上碾壓你，所以他們在談判桌上非常強勢，而你與之相比是天然的弱者。

設定一個讓步的下限

在商業談判中我們最常遇到的問題就是價格上的分歧。供應商和生產商希望自己的東西賣得越貴、服務提供得越少越好，採購經理和需求方則希望買得越便宜、服務水準越高越好。當對方的話語權很大並足以影響你的商業前景時，你

在他面前就會處於劣勢，談判結果很難逆轉。如果你是供應商和生產商，只有降價一個選擇；如果你是採購經理和需求方，就得準備花好多錢。無論如何，在劣勢中通常要讓步，這是不可避免的，也是談判中利益衝突的焦點，但並非沒有協調的空間。在談判前，你要先確立讓步的下限，也就是談判的底線。只要超過了這個下限，就主動終止談判。

讓步幅度的設定必須有一定的合理性和科學性，不能信口開河，看心情說，要建立在對實際情況進行調查和研究分析的基礎之上，要符合自身長期的利益需求。如果不經理性分析就制定出一個過高的上限或者過低的下限，那麼會對談判造成不利影響，前者會使談判出現衝突，後者會讓自己的利益遭受重大損失。

有了讓步的下限，我們就擁有了「底價的支撐點」，保證了商業合作中的最低利潤，也保障了自己在以弱對強的談判中不遭受過大的損失，至少能實現部分目標或拿到一些最起碼的「保底收益」。在大部分情況下，首先做出讓步的談判者會被認為處於劣勢，有可能引發對方繼續施加壓力。但是，同樣的舉動在優質合作者眼中可能被視作一種有誠意、有水準的合作訊號。我們希望每一名談判對象都是這樣的優質合作者，也可以用這種方式測試對方，儘早淘汰那些喜歡得寸進尺的人和組織。

沒有純粹的合作關係，只有不純粹的競爭關係

在劣勢中主動採取合作的策略，可以使談判有較高的機率獲得成功，贏得強勢一方的青睞，使雙方在交易中建立較為融洽的商業關係，最終雙方都能從中受益。但是不要天真地以為我們透過談判與對方建立了深度合作的關係，這世上從來就沒有純粹的合作關係，只有不純粹的競爭關係。當我們在談判中試圖尋求最大利益時，都必定會採取某些策略，採取合作與競爭相結合的策略才能促使談判順利，達成目標。所以在制定策略時一定要懂得隨機應變，考慮到一切可能性。

第一，雙方的讓步幅度和平衡點。

第二，可供自己選擇的計畫。

第三，對方有可能採取的極端策略。

要事先計劃好你可以做出的讓步、對方有可能得到的優惠，以及應該何時、怎樣讓步。為此還要充分調查、研究和制訂可供自己選擇的對應的談判方案，形成成熟的隨時能調整的計畫。最後，別把對手想像得太善良。我希望你把所有的對手想像得比預期的還要壞一點，想想他們在最壞的情況下能採取哪些極端策略來打擊你，你對此有無應對能力和行動計畫。在談判前便做好這些工作，開始談判後才能見招拆招，立於不敗之地。

長時間以來，FBI 偵訊部門的同事們都在討論維斯蒂莉

的嬌小身材和甜美的長相在工作中所發揮的作用。正式入職的第一天，維斯蒂莉的亮相讓許多人大吃一驚，他們對這名形象缺乏震懾力的年輕女孩能否勝任工作表示懷疑。她看上去太和氣面善了，說話的聲音就像有一雙溫柔的手在耳邊輕輕摩挲。

有人嘀咕：「她應該去做律師。」

還有人說：「她走錯地方了吧？」

至少在入職後的數月內，維斯蒂莉沒有機會展示她的爆發力。但 4 個月後的一天，屬於她的「機會」來了。她正俯首忙於數據分析，我在辦公室另一端叫她：「維莉，『肖恩克』來了，你去拿下他！」「肖恩克」是安全級別最高的鵜鶘灣監獄的重刑犯凱恩・庫珀的外號，15 年內他兩次越獄成功，逃亡過程中殺害了 4 名州警和 6 名居民，再次被抓後交由 FBI 偵訊並被關進了鵜鶘灣監獄，那裡有全美最嚴密的警備系統，一隻蚊子飛進飛出也會受到監控。FBI 和警察感興趣的是，庫珀前兩次是怎麼從七層看守的眼皮底下走出當地監獄的，我們懷疑他買通了監獄的主管和看守人員，因此需要從他嘴裡問出名單和計畫細節。

這是個苦差事，我選擇讓維斯蒂莉去打開突破口。理由是，在前幾次偵訊中庫珀展示了驚人的「硬漢氣質」，他不懼怕威逼也不擔心刑罰，警方和 FBI 審訊部門的刑訊人員對

他無可奈何，庫珀的臉上寫滿嘲諷，每次他都以強大的意志力得勝而歸。我們不知道他在想什麼，也不清楚他腦中的祕密，只知道他表現得就像一名炫耀戰功的「騎士」。他是惡棍，這毫無疑問，但我們缺乏把這個惡棍擊倒的方法，所以我決定換人。

同事們紛紛停下手頭的工作，看著維斯蒂莉面色沉靜地拿著資料走過長長的走廊，消失在電梯口。她行嗎？所有人都在想這個問題。人們的心頭飄浮著同樣的疑惑：她能拿下那個冷漠如鐵、陰暗狡詐的傢伙嗎？

人們都被她的外表迷惑了，包括凱恩·庫珀。維斯蒂莉的柔弱身體內蘊藏著巨大能量，她是我在 FBI 見過的爆發力最強的女性情報官和審訊員，她善於單刀直入，總能從一開始就抓住問題的本質。她還是打開突破口的好手，一旦形勢有利便窮追猛打。在國家學院的模擬訓練中，維斯蒂莉的綜合得分最高，所以我將她調到了 FBI 最重要的審訊部門，負責情報和偵訊工作。

在對凱恩·庫珀的偵訊中，維斯蒂莉充分研究了關於他如何從兩座美國東部看管較嚴的監獄中越獄的資料，發現了一條隱藏的線索：有兩位看守恰好都在當天上午 10 點半暫時離開了辦公區到後勤部門巡視。還有個巧合是，監獄的警衛人員在這個時段均未出現在監控室，因為他們全都陪同自己

的上司去後勤部門巡視了，他們在忙著拍馬屁，或者是在替後勤人員收拾爛攤子。資訊收集團隊和警局的負責人認為庫珀利用了這個空檔，但維斯蒂莉對此想到的是，作為一名當時被關押在禁閉室的犯人，他是如何掌握到這個資訊的。

正是抓住了這一線索，她才在偵訊中開門見山，一開場便問了庫珀一個最難、也是他最不想回答的問題。庫珀可能準備了上百句臺詞，卻一句都沒用上，他全程受制於人，失去了心理優勢。在我看來還有一點擊垮了他的防線 ── 維斯蒂莉的形象與偵訊手段的反差帶給他巨大的衝擊，他尚未調整好狀態，便先被維斯蒂莉奪取了主導權，咄咄逼人的詢問讓他很快便招供了，整個偵訊過程不超過 40 分鐘。

要取得談判中的主導權，直接針對敏感問題發問是比較常用和有效的策略。你要有勇氣這麼做，特別是在面對特殊的話題或者特殊的對手時，不需要深思熟慮後再攻擊，一些簡便而又犀利的話語便可以讓你出其不意地懾服對手。談判不是辯論，但我們能使用專攻弱點的戰術先聲奪人，控制局面和擊潰對方的意志力。

· **利用對方的把柄**：談判的主攻方要大膽利用使對方心理上不舒服或受情感衝擊的手段來讓其妥協和退讓。例如，為之製造罪惡感、內疚感，或以憤怒、指責等策略為之增加心理壓力，迫使對方在極短的時間內讓步。

- **設置情緒陷阱**：「人身攻擊」是一種不能常用但不可不用的情緒控制手段，在必要的時刻激怒對手，破壞對方的心理平衡，擾亂對方的既定思路，引誘對方踩入情緒陷阱。這樣做的目的是逼迫對方在情緒波動時做出決定。
- **善用「柔性工具」**：女性談判者的眼淚、形象、柔和的態度可以在一定程度上軟化對方的強硬立場，為己方爭取時間。在實例中，有大量的以柔性工具博取對方同情而達到談判目的的案例。這不是教你諂媚和討好對方，是教你要懂得利用對手內心深處柔軟的一面。因此在世界級企業的談判團隊中總會有能力出眾的女性成員，她們善於利用對手的情感弱點幫助己方獲取優勢。

第七章
決定權策略 —— 找出那個說了算的人

人們總是容易被對手不加以掩飾的把戲蒙蔽，這是因
為我們太相信自己可以在很短的時間內贏下一場談
判。

章引：做好準備，對付假裝沒有決定權的對手

「假裝沒有決定權」是談判中的一種常用策略，我們一定遇到過採用這種策略的對手，剛開始談得很好，所有的東西都討論到了，但最後拍板定案時對方代表卻告訴你，這不是由他說了算的，他要彙報、等待、再討論。總之，他摸清了你的底牌，然後告訴你他沒有決定權。顯而易見，這是一種精明的談判手段，也是造成僵局的原因之一。

為了避免出現這種情況，我一般會在談判開始時便向對方的代表確認一個重要的事項：「你是這個專案的最高負責人嗎？你是老闆還是專案代表？你的權限有多大？請現在告知我你的權限範圍。」這是一個從源頭杜絕對手拖延時間的手段。假如你未能使用這一策略，而在談判過程中碰到有意拖延的對手，你也可以直截了當地告訴他：「那對不起，請現在轉接你的老闆，我想馬上和他談。」

我們要找到那個有決定權的人，這在談判過程可以節省大量的時間，使類似的僵局在一開始就得以避免。最重要的是，我們要確認對方是獲得授權的人，了解他得到的權力範圍有多大，否則我們將會在談判中陷入被動。

▍時間戰術

在一場艱苦的談判中你付出了全力，提出了足以解決爭議的方案，卻遇到對手推卸責任的情況，比如他告訴你自己沒有決定權，希望你回去耐心等待，他要請示高層。這種情況我們都會碰到，怎樣處理？我的建議是：第一，首先還是要把自己所有說過的、主張的方案表述出來，說明可行性。比如：「我們所做的方案都是有數據支持的，數據也是真實的，並不需要考慮太久。」第二，保持端正的態度，尊重對方，別出言譏諷。比如：「沒決定權那你過來做什麼？」永遠別說這種話。要先表示理解，並請對方儘快做出決策。第三，在做到第一點和第二點的基礎上，提出你的要求：在最短的時間內與對方有決定權的人溝通，敲定解決方案。為了確保這一點的實現，我們還要適當地運用「時間壓力戰術」，讓時間成為我們的幫手。

時間壓力 —— 80/20 法則

如果你經常參加談判就會看到一種十分普遍的現象：雙方在談判時所做出的 80% 的讓步都是在最後 20% 的時間內完成的，甚至是在最後五分鐘，這就是談判桌上的 80/20 法則。在談判初期，大家很少會做出讓步，都在堅持自己的原則，力爭讓對方退讓。即便你在一開始談判時便提出了全部

的要求，對方也基本很少做出讓步，反而會準備好各種方案來對付你。只有在最後 20% 的談判時間中提出要求時，由於快到結束時間，迫於時間的壓力，對方往往更容易做出實質性的讓步。

所以，你可以利用這一法則，等到談判即將結束時再提出最終的解決方案，並且同意對方的某些條件，然後快速完成簽約。這並非不道德，而是由對方的策略決定的。比如，考慮到對手隨時可能宣稱自己沒有決定權，我們便可以在談判的最後幾分鐘才提出關鍵的要求，在最後這點時間內，對方已經不太可能再將談判責任推卸給一個「不存在的上司」了。對方必須亮出底牌，否則就可能失去機會。

拋出全部細節問題

關鍵條件可以最後再提，但細節性的問題要早早談，越早越好，以便提供雙方充分的時間進行深入的討論。比如，有些問題涉及複雜的操作技術，需要雙方的工程師在場，那就應該在談判剛開始時便把他們的代表請到現場，就所有的細節提出具體的解決方案。千萬不要說「太繁瑣了，好吧，我們今後有機會再具體協商吧」，這會讓一件剛開始看起來並不重要的小問題因為時間的拖延而在後期演變成大問題，讓你們根本沒有時間在最後敲定協議。到那時候，責任是你的，不是對方的。所以，別給自己找「不必要的麻煩」，早

把細節說清楚，把球踢給對方，不要理會對方的談判代表「以後再說」的態度。

更加靈活的施壓方式

　　除了在最後時間做最後決定、提出關鍵要求，我們還要擁有更加靈活的施壓方式。比如，讓對方在談判當中投入的「淨時間」越長，付出的談判成本越多，他們就越容易接受你的某些觀點。這是因為人都有「沉沒成本」的決策障礙，所以別只讓自己付出，而讓對手僅是一個旁觀者或最後決定者，要有足夠的耐心和毅力把對手拖進漫長的談判，讓他們為此投入人力物力，直至無法脫身，不得不做一個選擇（而且是選擇合作而不是退出）。不管在談判中遇到什麼問題，都不要變得不耐煩，也不要拚命地去說服對方。我希望你在此時少安勿躁，不妨讓問題再多一些，特別是需要對方思考的問題。在時間和其他各項成本的壓力中，只要擁有足夠的耐心，你就可以一點點地說服自己的談判對手。

　　當然，我們的對手也能使用同樣的方法來對付你，大家都是公平的，沒人能例外。當對一場談判投入了太多的時間以後，我們就變得越來越容易做出讓步，內心有一個聲音在勸你：「夠了，別再耗了，快點做一個決定吧，不能空著手回去！」請一定相信，對手也是這麼想的，他的潛意識也在與他對話，極力勸說他抓緊時間同意你的一些條件，以便進

入簽約流程，拿著合約回去向董事會交差。

　　遇到這種情況，有的人可能做出一些「新的讓步」，成為談判中的失敗者。但是經驗豐富的談判高手知道，不管談判進行到了哪一步，都應該把自己已經投入的時間和金錢看作是無法挽回的沉沒成本，應當完全地忽略它們。無論我們是否能與對方達成最終協議，之前投入的時間和金錢都無法收回了。它們現在是垃圾，價值為零。這就是我要告訴你們的 ── 把這個困惑拋給對方，而你要保持輕鬆、冷靜地審查所有的條款，試圖讓壓力始終在對方那邊。

　　當你感覺自己確實很難接受對方提出的條件時，即便已到了結束談判的時刻，哪怕董事會要求你必須拿一份合約回去，你也要立刻停止談判，不要猶豫。這是因為，如果你簽下了一份不公平的合約，將來你失去的東西就會比在談判中已經投入的更多。這會加大損失，對己方沒有任何益處。只要感覺到談判失去了意義，那就隨時終止談判，不用顧慮對方的感受。

利用時間，也要接受時間

　　不光要利用好時間壓力，也要從內心接受時間壓力，並且消化它，將壓力轉移出去。比如，在剛開始談判時，我們的談判對象很可能根本不會考慮你的條件，他是實力更強的一方，看不上你，也使出了一些不道德的手段來「欺負」

你，例如：躲在頂樓豪華辦公室拒絕見你，派個小專員出來陪你打發時間，順便對你冷嘲熱諷。不要慌，要有足夠的耐心，抽出足夠的時間陪對方耗 —— 哪怕是與一個剛入職 3 個月的小專員溝通，那個人也會把你的情況如實彙報上去，對方很可能會漸漸地發現你的實力，覺得你提出的條件也並非無法接受，在這個過程中慢慢建立起初步的信任。這就是談判專家們常說的「接受時間」，在時間壓力中塑造一個新的、強大的自我。

因此，在談判過程中必須從兩個對立的角度思考和運用時間壓力，一定要注意掌握好節奏，並且一定要有充分的準備和強大的耐心。你要想到不僅是你，對方也一定需要很長的一段時間仔細考慮各項條件，甚至反覆討論你的報價。別連這點時間都不給對方，要學會利用時間所帶來的壓力為自己爭取利益。不過，當對手總是假裝他需要更多的時間時，你也要及時地從談判中抽身出來，因為我們需要的是優質有度量的談判對手，對手的這種表現告訴你他是不合格的，意識到這一點後，永遠不要跟這種人做交易。

看清對方的底牌

設想一下，假如你和重要客戶正在進行一次專案談判，你是他的供應商，他是採購經理。客戶對你說，他的條件已經是最好的了，而且價格給到了最高，再高就只能請示董事長，甚至當場擺出一副即使談判破裂也在所不惜的樣子。但是，你怎麼知道客戶是真的到了底線，還是為了獲得更多的回報而在演戲。

在現代社會，資訊就是力量，就是在談判中取勝的策略武器。在進行談判的過程中，對另一方了解得越多，最終獲勝的機會也就越大，反之就越小。假如你提前知道了客戶真正的「價格上限」，比如實際上是 50 元而不是嘴上告訴你的 40 元，是不是對談判更有利呢？你完全能夠制定一個不達到 50 元便拒絕合作的策略，使對方無可奈何地接受你的報價。

了解對方的底牌

了解對方的底牌非常重要，在生活、情感、工作和商業等領域的談判溝通中均發揮決定性的作用。比如：薪酬談判中知道公司的底線，你就能為自己爭取到公司能接受範圍內的最高薪資，不至於被人力資源總監一個「低底薪高績效」的大餅打發掉；再比如，當兩家公司計劃合併時，對對方的資訊了解較多的那家公司在條件的商談上便會占據上風，摸

清對方的底牌，便能準確出招，為自己在合併後的股權分配、業務變革上爭取到最大的利益；在銷售人員的競爭中，兩名銷售人員去爭奪同一個客戶，那麼對這個客戶的價格底線有充分了解的人也更容易取得成功。

如何使用這張底牌

　　值得一提的是，儘管資訊收集是一項非常重要的工作，可是很少有人懂得在恰當的時機亮出這張底牌，以取得最大的收益，甚至也不明白如何在談判之前抽出時間去研究和分析相關的資訊，摸清自己的對手。有了底牌是第一步，懂得用好它才是最重要的。現實中，很少有人會在不接受任何訓練的情況下就跳進河裡游泳，卻總是有很多人會在絲毫不了解對手的情況下就展開談判。這些年來，我見慣了這樣的莽夫，滿懷激情、拚命付出卻收獲很少，原因就在於他們不擅長資訊收集和分析，也沒學習過怎樣利用好手中的寶貴資訊，所以不管是什麼形式的談判，他們總是贏少輸多，成果不大。

連續詰問的策略

當對手搬出他的主管當擋箭牌時，有時候確實很難辦。這是一道難題，由於人在談判時一般都會有很強的防禦心理，他盡量聽取你的條件，卻隱藏自己的想法。特別是一些談判高手，他們都很善於保護自己的底牌，不會過早暴露給你。需要表態時，他們就把一個虛無的上司扔出來：「對不起，這事我自己決定不了，得請示，等明後天吧。」這時候我們怎麼辦呢？

這時，你可以先暫停談判，主動和對方聊一些輕鬆的話題，比如：天氣、當地的風景、奇聞逸事、體育比賽或娛樂明星等，你也可以講個笑話，這都沒關係。由於這些內容並不重要，所以你的對手一般會在此時給予一些真實的反應，也就是「基線反應」。從他表情的變化你就能洞悉他的真實想法，判斷他拖延談判的原因。

如何使用「詰問法」

假如對方非常老練狡猾，那麼你就要懂得隨機應變。我推薦你換一種方式，讓態度嚴肅一些，使用「基礎資訊詰問法」去逼問他的底牌，要求其快速回覆。什麼是基礎資訊詰問法呢？就是針對和談判有關的公開和非公開資訊與對方對質，在對質的過程中使對方明顯感覺到自己的錯誤，加大他拖延談判的邏輯漏洞和道德風險。

比如：

「我們早就約定了今天必須達成協議，也透過信件確認了時間，難道不是嗎？」

「這個條件是貴公司在上一次合作中書面承諾的，為什麼現在你要反悔呢？你再想想是否要這麼做。」

「蘇總已通知我就按這個價格定，你應該打電話給他確認一下，就現在。」

這種方法有一個最大的好處，就是把爭議就地解決掉。站在對自己有利的角度，若是無爭議的基本資訊又被對手製造出分歧，你應該馬上採取這一策略，和對方就這些資訊對質，防止被他糊弄過去。在判斷對方是否說謊和有意說謊的時候，最重要的是要在詰問的過程中將對方的反應記錄下來，與人的正常反應做對比，看他的表現中是否有反常的地方。如果讓你感覺不對，很可能就是對方說謊了。例如，當你提出一個價格後，對方一邊推說需要上司決定，一邊又表現出開心或是輕視的表情，說明對方原本預期的有可能是一個更高的報價。那麼你可以迅速調整自己的價格，爭取在正式簽約前拿到更好的條件。

談判時需要人高度集中注意力，需要我們把有限的精力集中在能夠控制的事情上。因此，當對方說謊時往往經不住一連串的詰問和試探，有經驗的人一眼就能發現問題所在，找到談判的突破口。

直截了當地提出要求

這一原則要求你必須抓住短暫的時間空檔，馬上提出要求，希望對方解決問題。比如，當對方說這個條款只有他的上司有權決定時，你可以問對方：「好吧，那你現在就請他過來，或者給他打電話好嗎？我們需要在半小時內得到回覆。」這是一種溫和的態度，但能造成立竿見影的效果。

如果他迴避這個請求，你完全可以變得強硬一點：「我認為對你來說這是舉手之勞，也是重視此次合作的表現，為什麼你現在不願意請示呢？是不是並不想跟我們合作，只是在應付我們？」繼而便提出正式的要求：「我想我需要和你的上司直接通話交流了。」一般進行到這一步，對手會趕緊給出答覆了，不會再無緣無故地拖延下去。除非他並不想合作。

改變對方的頑固立場

毫無疑問，要打破對方的頑固立場和那些常用的伎倆，基本資訊詰問法是一種非常理想的手段，尤其是當你的談判對手（重要參與者）也希望打破僵局且維護雙方的面子時。例如，坐在對面的人是小企業的高級主管或可以從項目中拿到提成的人，他們通常會比較靈活。假如遇到這樣的談判對象，你可以提出一個問題：「如果能看到這次合作所帶來的

收益，你會希望越快簽約越好，是嗎？」驅動人心的除了真誠，就是足夠大的利益誘惑了，沒人會拒絕能為自己帶來好處的合作。

▍發出最後通牒，但不要搞砸了

我是如何在談判中發出最後通牒的呢？我記得那是暴雨過後的會面，整個洛杉磯籠罩在一層水氣之中，我坐在某投資公司當地辦事處的會議室，數自己的手指頭數了兩個半小時，直到我徹底厭煩了這種等待，決定離開。因為從我數第一個手指頭開始，該公司的專案主管就以「董事長不在」的理由走出去，再也沒有進來過。

但是，我不能以一個人悄悄溜走的方式結束談判，因為這麼做的結果只能是在半小時後接到他們董事長的電話，告訴我他已經在會議室等我了，而我卻無法解釋剛才為什麼離開。一場刻意拖延的談判簡直是在侮辱人的智商，可你又不得不應付他們，這是令人煩惱的情況。所以，我選擇的辦法是數完最後一次手指頭，通知外面該公司的會議助理，請她去告知專案主管：「跟約翰說一下，我的時間到了，我只能選另一家合作夥伴。」她震驚得就像被雷擊中，一時竟有些恍惚，本能地反問：「什麼？」然後迅速撥打電話。

要麼接受，要麼放棄

不到一分鐘，約翰以極快的速度跑過來，邀請我繼續商談。可我已提不起興趣，我說：「你以為這是策略嗎？不不不，我真的要走了，另一家公司從昨天就在等我的答覆，他們的條件可比你們好得多，如今我看你也用不到我，不是嗎？」約翰頓時熱情起來：「哪裡的話！我剛才是去請示董事長，您可聽好了，您提的要求一概滿足！現在就能簽約！」

瞧，我們總是在準備下山時才等到日出。在進行談判的過程中，以「離開談判桌」的手段要挾是最有力的談判技巧之一，不過應用這一技巧是有前提的，那就是對方非你不可，是他離不開你，而非你離不開他。同時也一定要謹記，當你告訴對方你要離開時，語氣必須是溫和的，態度必須是良好的。記住，你的目的只是讓對方明白你有終止談判的權力，最好是你有這個計畫，但可以不去實施。

假如在傳達這一資訊時你的態度不好 —— 有一次我就因表現得暴跳如雷而讓對方不敢挽留 —— 談判就真有可能終止了，且很可能會讓對方感覺到非常不舒服，影響到你們之間的關係，所以運用這一策略必須非常謹慎。比如，千萬不要衝動地說一些讓人感覺不快的話：「你以為你是誰！」如果你這麼說的話，對方很可能把這句話原樣奉還：「你以為你又是誰！走就走，離開你地球難道不轉了嗎？」別奇怪，這

種場景我沒少看過，即便是那些本來願意做出讓步的人也會因一句刺耳的話感到不舒服，於是放棄了原來的態度，轉而針鋒相對。

所以，我總是建議人們在使用最後通牒的辦法時採取微妙而柔和的表達方式。例如：「不好意思，如果你還是堅持這個價格，我恐怕只能停止談判了」，或者是「對不起，我們公布的價格是不能變動的，條件無法更改，您要麼接受，要麼就只能放棄了，真是很不好意思」。此時，你的語氣和用詞越溫和，產生的力量反而越大。

傳達立場是目的

上述行為的根本目的是謹慎巧妙地傳達自己的立場，絕不是激怒對手好好打上一架。有時我見到一些企業的談判人員在生意沒談成時會和對方吵成一團，甚至有打架的跡象，我便感到震驚 —— 這些企業的管理層有多大意，才選中了這些有暴力傾向的人承擔這麼重要的任務呢？

在談判的過程中，要想在保持態度堅定的同時不冒犯對方，一個最好的辦法就是你可以借鑑對方假裝沒有決定權的手段，也就是「更高權威策略」。試想一下，當你告訴對方「我也想和你繼續溝通，可董事會命令我終止談判」時，會有人真的怪罪你嗎？你也轉移了目標，為自己爭取到了退一步觀察的機會。

保持「隨時能離開」的姿態

至今我做得最多的事，就是讓自己隨時準備離開，而且是能夠離開。「保持隨時能離開的姿態」是我在 FBI 的工作座右銘，也是如今在商業合作中的談判原則。在所有的談判施壓方式當中，這一條是最為有力的，透過這一原則你能讓對方真實而清晰地感受到：假如不能滿足你的條件，你隨時都可以離開，另找其他合作方。

如果說有什麼辦法可以讓我們的談判能力迅速提升的話，那就是擁有這種談判姿態，但這也有一個重大的問題，就是對於時機的掌握。如果你掌握不好時機，錯判了形勢，便很有可能會在談判過程中錯過離開談判桌的最佳時間，甚至是在最不該離開的時候出局了，然後再也沒有入局的機會。一旦犯了這樣的錯誤，你便徹底輸掉了談判。因此，就像我前面已經講到的，不管是個人還是企業，必須讓自己擁有足夠的底氣；實力夠強，離開才不會造成損失，也才有機會隨時回來。

確保自己有本錢離開

當我們成功地造成某種假象，讓對方相信你可以隨時停止談判時，他也確認了你的能力，你就在談判中獲取了一定的優勢，掌握了主導權。不過，對沒有實力和缺乏本錢的談

判者來說，威脅不僅不能產生作用，反而會加速自己的失利。比如，其實你的產品和服務在對方的心目中沒什麼重要，他的合作欲一點也不強，對其採用威脅結束談判的做法便只會適得其反。也許你一開口，對方就徹底關上了和你合作的大門。

如何才能讓自己在談判中有本錢隨時離開呢？想想下面的四個問題和四個步驟，看看自己能否在與每一個對手談判時順利地做到。

第一：我的潛在客戶有多少？先找到那些想和你做生意的人，把他們列在清單上，看看究竟有多少。

第二：我是否做了全面的評估？分析和評估清單中所有人的實力，看看他們之間的實力對比情況，能不能互相取代。

第三：我是否已培養起他們的合作欲望？看看你是否讓他們離不開你的產品或服務。

第四：我是否有結束談判的能力？結束談判包括不合作與達成合作，也就是讓對方做出承諾的能力。

看到本質問題了嗎？只有當你成功地培養起了對方的合作欲望，並且準備要求對方做出實際承諾時，你才能採用隨時離開的策略。而且在使用這一策略時不能偏離自己的主要目標——絕不是真的要終止談判，是威脅對方自己有可能選擇其他合作者。記住這個清晰的目標，否則你可能在此時被情緒左右，衝動地做出因為賭氣而徹底離開的決定。

掌握離開的時機

另外，我們要想成功地運用「隨時離開」的談判策略，還必須增加自己的選擇範圍和掌握離開的最佳時機。比如，你首先要保證自己有更好的合作夥伴，其次要保證自己離開時對方一定站起來挽留，並且向你做出適當的妥協。在談判過程中，擁有最多、最佳選擇的一方才是最有實力的，這可以讓你在與對方談判時更有底氣，有足夠的本錢選擇一個離開的機會，看對方是否能同意你的條件。

在這個過程中，你的報價應該高於自己的真實要求，只有這樣，你才能為對方留出足夠的談判空間，讓他不至於一點轉圜的餘地都得不到，也能為自己爭取到「裝腔作勢」地準備離開的機會。一旦他們挽留你，對你做出讓步，你也可以適當地退一步，這樣雙方都能得到一個滿意的合作條件。

▌發揮團隊的作用

一項調查中顯示，在法國有一種奇怪的社會現象，就像有 70% 的法國人認為在婚前要排除最危險的「地雷」一樣，他們認為如果一家人在選舉上不能同心，愛情也就難以維持。在地方選舉和總統選舉時，如果一家人投了不同人的票，便很可能反目成仇。比如 2014 年的一次地方選舉中，一位父親因為兒子把票投給了民族陣線，憤怒地宣布與之斷

絕父子關係。在另一個案例中，一對戀人即將走進婚姻的殿堂，卻在一次早餐的討論中發現對方是自己最討厭政黨的擁護者，於是當下立即分手。

這種現象放到商業活動中你會想到什麼？那就是團隊共同一致的重要性。商業談判不是一個人的遊戲，是一支團隊在共同作戰，你的身邊是可靠的隊友，背後是整個公司的支持。其中最重要的就是，你要保證同伴無條件地支持你，在任何時候你都不會遭到同伴的背叛。

組建一支強而有力的團隊

任何一個組織，無論規模大小都需要團隊合作來完成工作。儘管合作的形式與管理者的管理技巧有關，也與企業的價值理念密不可分，但高效率的團隊合作一定是所有成員一起努力的結果。團隊內部的人員組成和任務分配也是複雜、微妙的，特別是談判團隊更是如此。作為商業談判的領導者，在挑選成員時你一定要確立幾個非常關鍵的原則，以免被隊友扯後腿。

首先，現代商業中的談判工作遠比過去繁雜，技術性和專業性越來越高，涉及的知識範圍也更為廣泛。例如：單是一次公司的談判可能就包括產品、技術、市場、金融、法律、保險、心理學、情報收集、數據分析等諸多方面，如果是國際公司之間的談判涉及的東西便更多了，還包括國

際法、國際貿易、外語等專業知識，而這些知識絕非一個人的能力、知識、經驗就能勝任的，需要不同領域的高手密切配合，團體作戰。所以我們除了要勝任一對一的談判之外，更多時候還要有組建一個談判團隊以求取得大專案勝利的能力。這個團隊就像一部組裝精密的機器，放大了個人的能力，也展現出了你作為管理者的多方面的素養、能力和經驗。

談判中配合作戰

我喜歡和合夥人彼得一起見客戶，談大合約，商定策略性的協議。這是因為彼得與我之間經常能展現出驚人的默契，我們是配合緊密的好戰友，也是心有靈犀的好朋友。當對手想耍點拖延時間的「陰謀詭計」時，彼得就會充當那個扮「黑臉」的人，他的立場強硬，轉身就走，只把我留在原地。所以我喜歡彼得，他大刀闊斧的作風直擊對方的弱點，對手害怕我們內部意見不一，有時便會乾脆俐落地放棄掙扎：「快把他叫回來吧，我是開玩笑的，其實您的條件我是同意的，就是想試試能不能再優惠一點而已。」彼得五分鐘後便坐電梯上來了。後來由於公司的業務拓展，彼得不再參與策略談判，留在洛杉磯負責財務管理，這讓我難過了很久。一支強而有力的談判團隊，他們在具體的談判工作中一定是高效配合的，各有角色與分工，共同完成既定的計畫，實現談判的目標。

對團隊成員的評估

在每一次談判結束之後，我們都需要對團隊的表現進行分析、總結和評估，尤其是思考我們的談判行為及過程，反思哪些地方出了錯誤，總結哪些地方出現新的經驗，為後面的工作修正方向，提供參考。對參與談判的團隊成員，也要進行總結和評估，這能在一定程度上控制他們的行為。

既然是一支團隊，那麼對每個人的要求便都是一致的，要讓每個人的能力都在談判中發揮出最大的功效，力求每一名成員都人盡其才、才盡其用，使談判人員的能力從實戰中既得到有效的展現，又能確實獲得成長。在成員的搭配上，要取長補短，優劣互補，寧選專長，也不選全才。另外，就是要選擇那些對企業沒有貳心、忠誠度較高、團隊合作精神較強的人，他們即便能力不強，在談判中也往往能透過毫無保留的努力，取得意想不到的好結果。

適當使用「零和賽局」

零和賽局也叫做零和遊戲，是賽局理論中與「非零和賽局」相對的一個概念，屬於「非合作賽局」的一種方式，但已相對落伍，不再被今日的大部分企業接受。近幾十年來，賽局理論對商業合作的影響巨大，世界各地不同流派的理論家與不同風格的企業家均對其有自己獨到的見解，也據此產

生了各式各樣的合作模式。但不管怎麼樣，零和賽局的本質一直沒有改變，用一句話概述便是：

參與賽局的各方在嚴格競爭的環境下，一方的收益必然意味著另一方的損失，各方的收益和損失加起來的總和永遠為零，因此雙方並不存在合作雙贏的可能性。

對待兩種人一定要「損人利己」

總體來說，零和賽局的思想已經落伍了，不是我們首選的賽局理念。不過，我們也並不一定跟每個人都追求合作雙贏，事實上這取決於對方的行為而不是我們，但是我們可以根據對方的行為決定自己的選擇。和追求雙贏的人談判當然要建立雙贏模式，可如果對方根本不想雙贏呢？

比如有兩種人：第一種是將自己的幸福建立在他人的痛苦之上的人，像一些常使用拖延戰術、用時間消耗別人的耐心和精力的談判對象；第二種是損人又不利己的人，他們寧可自損一萬，也要讓別人損失八千，純以破壞為目的，而不是以建設為目標。對待這兩種人，我們就要徹底放棄合作雙贏的想法，採用「損人利己」和零和賽局的策略去對待與他們的合作。如果有機會吃掉對手，就不要有絲毫的猶豫，因為一旦有機會，他也必然會這麼對待你。

大部分談判都可以是「合作賽局」

理性的談判人員不會去玩那種只能得到一點點可見利益的零和遊戲，也就是吃掉對手後擺在檯面上的「非成長性收益」。比如做好一單生意，你賺了一百萬元，對手卻賠了一百萬，你賺到的就是他賠的錢。將來再有機會是他贏，他賺到的也是你賠掉的那一筆錢。除了這些錢外，你們之間的合作沒有其他的產出。無論如何，我是不喜歡這種談判結果的，也不想在未來的職業生涯中遇到此類合作。因為如果所有的談判者都抱有這種想法，我們的世界漸漸地就不會再有商業，也不會再有經濟成長。

為什麼大部分的談判都將是合作賽局而非零和賽局呢？首先我們要先認清一個基本事實，有些人尋求商業合作的目的不是只為了預期的收益，還有資金避險、提高使用率、流動性等需求和用途，或者是享受創造產品、實現個人價值的樂趣。換句話說，許多商業合作的目的是非現金的，甚至有精神層面的追求，而這都是非常重要的收益。這些外部利益使得談判與合作成為一種純粹的合作賽局。如果商業合作的外部利益夠好，前景很大，人們的收穫也很多，即使最終沒有賺錢，我們仍然會認為這是一次很好的合作，談判的目的也成功達到了。

有效地整合資訊，尋找「合作機遇」

　　為了實現這樣的合作，你需要對雙方的各種資訊進行有效整合，根據對方的要求、想法和預期目標來制定談判策略，尋找與對方長期合作的機遇。這些資訊包括：對方的投資用意，對專案的定義，對時間的要求，對收益的看法，對未來前景的觀點，以及資金撤出計畫等等。了解了這些資訊，你就能看到彼此的機遇在什麼地方。

淘汰效率低的合作方，實現長期「合作賽局」

　　把所有的合作方、談判對象進行分類，區分他們的等級，評比他們的高下，將效率低和追求獨贏的合作方淘汰掉，將富有誠意和追求雙贏的合作方列為重要對象，促成與優質談判對手的合作，並從中獲得真正持久和豐厚的收益。

大膽審問對方

　　過去我是非常害怕對人提問題的，因為我總是擔心自己的問題刺激到對方，讓他們不高興而影響談判的氛圍。所以每次要提出一個問題之前，我總是小心翼翼地問一下對方：「您是否介意回答我一個問題呢？」在進入 FBI 工作前我有六到八年的時光浪費於這種紳士式的溝通文化中，我將談判視為一種平和的人際溝通。當對方不想告訴我答案時，他們

可以不回答，而且經常選擇不回答並迅速將我一軍。我不擅長提問，他們卻可能是提問的高手。

即使對手不回答你的問題，你也同樣可以收集到很多真實的資訊，但這不是一件容易的事情。重要的是，也許你還要多花點時間。如果懂得了提問的必要性，你可能僅用一分鐘就了解到很多關於這次合作的必要資訊。當你變成一個提問高手後，所擁有的力量將變得越來越大。比如，我從FBI十餘年的職業生涯中學到了如何在商業領域的談判桌上營造出審問的氛圍，讓對手感到如同身在偵訊室的精神壓力。

設想一下：

假如他拒絕回答你的問題怎麼辦？（對手有拒絕的權利）

假如他告訴你「這是公司內部資訊，與你沒關係」怎麼辦？（對手經常這麼做）

假如他對你撒謊怎麼辦？（談判中的常規策略）

這樣我們還能收集到真實的資訊嗎？答案是肯定的，但需要你更進一步，繼續施加壓力，比如適當採用逼問的方法：「有的問題你必須如實告知，否則合作便會中止。」這是一個好辦法，不過別輕易使用。它廣泛適用於強勢方對弱勢方的談判，強者總是有底氣展示他們的強硬手腕。

在大部分情況下，當我們的談判對象提出刺耳的相反意見時，人們的處理辦法一般是按部就班的，有一套既定的程

序，會先問對方到底有哪些問題，然後逐條解釋溝通，努力達成共識。當客戶提出產品的物流運輸費用過高而希望各承擔一半時，談判代表考慮到這個問題的合理性就會說：「沒問題，我們討論一下吧。」於是客戶就會立刻發覺這很容易得手，從而不斷地提出許多新的要求。客戶是永遠不會滿足的，總希望花最少的錢買到最好、最多的服務，他們想予取予求。從談判的角度來說，這種情況屬於「額外要求」。你流露出任何一絲「可以通融」的態度，對方就會趁虛而入並咬住不放。

透過讓對方列出他們所有的問題（談判開始前提供問題清單），我們能成功地限定他們在談判過程中的問題範圍，並對這些有爭議的部分提前做好準備，制訂談判方案。但根據我多年的經驗，如果你想要摸透對方的心理，識破他們的陰謀，最好的辦法不是被動應戰，而是主動出擊詢問你關心的話題，化被動為主動。從談判的第一分鐘起，就要讓時間成為我們的武器，而不是對方手中的資源。

這麼多年過去，現在我不僅不再害怕提問，而且很善於利用提問的時機讓對手感知到身體和精神被壓制住而不得不如實吐露我想要的那些資訊。哪怕我們在談判中討論的是一些較為私人的問題，只要我想，對方往往也願意回答。想減輕壓力的不再是我，而是坐在我對面的那些人。在很多情況下，只要我開口，人們經常會很願意和我分享關於他們（企

業、產品、市場、價格等）的資訊。這得益於我十年來出入偵訊室和情報分析室的工作，收集和訊問資訊的能力幫助我成為一名出色的談判者，也幫助我在生活中得到了自己想要的一切。我不再為資訊困惑，我總能辨別哪些是真實的內容，哪些是虛假的內容。

開放式的審問語境

出生於孟買的英國小說家吉卜林（Rudyard Kipling）說自己有 6 個忠實的僕人：「我有 6 個忠實的僕人，他們教會了我所知道的一切，他們的名字是：什麼、為什麼、什麼時候、怎樣、哪裡、誰。」

我把吉卜林的 6 個僕人買到了我的大腦中，它們共同構成了一個開放式的審問語境，讓對手的心思無所遁形。例如「為什麼」這個問題重複使用可以達到追問的效果，讓對方感覺你不達目的誓不罷休，他必須認真回答「你為什麼那麼做」這個問題，哪怕是說謊也要專業一點，否則就會被你看穿。「什麼時候」幫我們確定與時間、進度、週期等有關的問題；「怎樣」、「哪裡」、「誰」是對方案、執行地點、人員的確認，將一個問題、一項合作的各個方面全部囊括在內。

創造審問的語境不是要批評對方，也不是要恃強凌弱，而是形成心理優勢。談判是人和人的條件賽局，也是人和人

的心理戰爭。高效的「審問」是開放的，不是局限性的。比如：我在 FBI 工作後期修訂的審訊條例中加入了和情境安排有關的條款，特務應該從多個方面製造容易引發嫌犯心理波動的環境，讓審問走出室內，並靈活地採用各種工具。這一方式也被中情局採用，他們成功地透過情境對話從一名線人的口中得到了賓拉登的行蹤。

如果你想知道對方說謊的原因，不妨換一種方式交談。你可以告訴對方：「你這樣做一定有自己的理由，你一定不想告訴我，但你能適當透露一些嗎？我有權利得到必要的資訊。」在你這麼做時，懷有誠意的客戶和想繼續合作的其他關係人很難拒絕，你能從開放式的提問中聽到貼近真相的答案。

重複對方的問題

我知道有的人喜歡在一兩秒鐘的時間內快速決斷，他們的時間寶貴，幾分鐘便決定一份合約中的主要條款。這很讓人讚嘆，但除了展示自己的個性外，還能帶來多少可見的好處呢？比如說：「請把價格調低 7 個點吧，我們願意提高訂購數量。」可他們並沒有解釋自己為什麼這樣做，也沒告訴你他們覺得你的價格太高的理由。對合作前景十分看好的人此時會不假思索地說：「好吧我同意，祝我們合作順利！」直至簽完合約才突然覺得這個條件並非想像的那麼理想，有許多潛藏的問題。

為防止犯下這種難以挽回的錯誤，你可以重複一下對方的問題：「什麼？你感覺我的價格太高了嗎？你真的覺得這麼好的產品很貴嗎？」大多數情況下，當你說出這句話時便意味著你萬分不爽，不想降價，對方必須詳細地解釋他的理由。如果你再堅持等一下，對方有很大的可能會提高交換條件 —— 預付款比例、詳細的數量和時間清單、更少的附加條件等，否則他無法解釋自己為什麼要求你將價格降低這麼大的幅度。如果他們只是隨便說說來測試你的反應，這時也能看出來，他們會迅速地取消自己的要求。

用反問製造壓力

反問在談判中的作用很獨特。假設你是某電信公司的服務商，既是老闆也是工頭，為電信公司做挖地搭線的工作。電信公司向來強勢，這是毋庸置疑的，開工第一天，你一到工地對方的監工人員就跟你吵起來，表情很凶，態度蠻橫，讓人難以忍受。他說：「你們的車和設備遲到了整整一個小時，今天的進度一定會延誤，這算違約。」你試圖解釋，對方卻要開單罰款，從你的工程款中扣除。這時我們又遇到了一種常見的談判場景，即合作進行中的賽局。你不要向他解釋，更不要求情，而是可以換種強硬的語氣說：「那麼你覺得這是為什麼呢？消消氣好好想想。」反問不是要爭取時間，也不是要在氣勢上壓倒對方，是要讓對方的情緒冷靜下來。

也許只需要 10 秒鐘的思考時間，對方可能就找到了答案，因為今天塞車、天氣不好、電力有問題等客觀因素，他沒有理由扣除工程款。於是你們避免了一場衝突。

讓對方清晰地表態

作為談判桌上的主導人，維斯蒂莉認為一條重要的原則是保證自己的耳朵聽到的每一句話都清晰無誤且不存在歧義，拒絕接受任何模稜兩可的表述。「我們的目標是成為支配者，有權力要求別人把話說清楚，而且要一次說清楚，別浪費時間。」比如說，投資公司可能會告訴融資者：「我們的風控委員會有可能要求你提供一份財務擔保，這是個問題。」那麼是「可能」還是「一定」呢？是能解決還是不能解決呢？這種模糊的表態其實是一種威懾行為，投資公司欲借此提高價碼 —— 減少投資額或增加附加條件以控制融資者。這時你不能猶豫，應該立刻問對方：「您對這個可能性是怎麼看的？請明確告訴我！」假如對方不回答，便中止談判，直到他回答為止。

要求對方複述

作為對上一項原則的延續，我推薦讀者採用「確認式審問」的技巧 —— 當客戶抱怨你的要價太高時（客戶向來如此），你不要忙著解釋（也許你常做這樣的傻事），你可以

冷漠又客氣地告訴對方：「我不明白您為何這麼說，能解釋一下原因嗎？」我們要做好表情管理，別表現出對此焦急又不自信的狀態。一般情況下，對方都不會再重複自己的原話，他們可能會詳細解釋一下自己為什麼認為你的報價太高，給你一個確切的理由。我們知道他的理由是什麼就好辦了 —— 不管選擇接受還是拒絕，你都有了「著力點」。

第七章／決定權策略──找出那個說了算的人

第八章

「情緒錨」——
靈活發揮情緒的作用，快速擊破堡壘

在談判陷入僵局時，負面情緒不是毒藥，而是天賜良藥。

章引：抓住情緒錨，可收「百倍之效」

優秀的談判者往往都有一張變換自如的「撲克臉」。他們並非電視劇中展現的或人們想像的那樣毫無表情並時刻隱藏著真實的情緒，而是在最適當的時機展現特定的情緒，比如：失望、遺憾、冷漠、憤怒、欣喜等。這些情緒都可在談判中作為有力的武器使用，每一種情緒均源於人的本性，並與對方產生共鳴，左右對方的思考，影響對方的判斷。

過去的很多年間，我們一直在研究「情緒錨」對談判者行為的影響，經過對數千起案例的分析發現，情緒對人的思考和行為的影響在談判桌上被成倍地放大了。偉大的談判者不僅具有豐富的專業知識，而且擅長在情緒層面捕捉對手的漏洞，抓住機會影響對方的情感並引導決策，擊破對手的堡壘。假如你也能夠提升自己調整和利用情緒的能力，在談判中也將獲得非常大的優勢。

揮動你的「情緒之錘」

　　一直以來，主流談判理論都將非理性情感視為談判中的一種負面的障礙，尤其是各式各樣的負面情緒和衝動、失控的一切舉動。我們在本章就要說到這些，討論這些情緒在談判中的不為人知的正面作用。我個人認為情緒是一種絕佳的用於施加壓力或減輕壓力的工具。

　　哈佛大學的三位著名學者：羅傑・費雪（Roger Fisher）、威廉・尤瑞（William Ury）和布魯斯・派頓（Bruce Patton）共同著有一本談判學的經典著作《談判力》，在此書中他們強烈地呼籲人們在對話的過程中「將個人情緒與問題分開」，我不認同這一觀點，凡是反人性的要求最後總是無法實現，儘管這一要求和主張能博取無數學習者的好感。人們覺得他們說得極對，但執行起來卻不現實。

　　這是因為：談判的參與者是有血有肉的人，是情感豐富的有機體，不是冷酷和絕對理性的機器。情緒從來都是不可能 100% 受控制的，我們要利用它而非消滅它。

　　在我們已取得的共識中，充分的前期準備對談判的成功有著毫無爭議的關鍵價值。交易越重要，談判人員就越需要趨近於絕對理性，快速且精準地辨別核心利益，評估哪些情況可能要做取捨，並且站在其他角度（對方和其他參與方）

換位思考，還要進行數據計算和資訊分析，為一切突發情況安排預備方案。

這些工作很重要，但這僅僅是成功的一半。事實上，如果你不能正確地認知和定義情緒對談判的作用，前面這些準備工作也可能一文不值，無法為你創造任何價值。情緒對於談判和解決爭端有著不可或缺的作用，它是一種需要我們理解、學習、疏導和靈活地武裝自己、打擊對手的武器。善用情緒的人處理敏感問題時更得心應手，也擅長向對方施加額外的壓力。

也就是說，即便你從技術層面對談判已經胸有成竹了，也需要做好情緒層面的準備，調整態度，澄清對於負面情緒的誤解：它們是有用的，而不只是製造衝突、沮喪和失敗。如果你不能及時地利用這種工具，控制自己和煽動對手的情緒，談判也許會失去控制。我建議你在談判中能果斷地察覺這一點，避免自己的負面情緒被對手利用，同時抓住對方情緒上的變化予以突破。

和我們及對方的情緒談判

第一，我們的談判對象是自己及對手的情緒，而不只是一堆紙上的道理。

第二，我們在談判中真正要搞定的不只是嚴謹的邏輯說理，還有自己及對方詭譎多變的情緒狀態。

內斯納說：「很多時候，不管道理講得再怎麼清楚，『應該怎麼做』、『就該這樣啊』，我們都懂這些事情，可只要情緒從中作梗，『我不要』、『我就是不同意』、『我就是反感』……談判就一定沒戲，歹徒會揮刀殺死人質，警察會開槍武力攻擊，談判專家也一樣會成為情緒的奴隸而功虧一簣。」

我相信讀者也有過類似的痛苦經驗，所以我在多年來的工作生涯中非常重視倡導人們對情緒的管理和心理的疏導，揣摩並利用對方的情緒漏洞是一種並不高級的技術，但因為多數人不太重視而顯得諱莫如深。二十世紀以來，最聰明的談判者已經深切地了解到，上了談判桌後首要的任務就是去解讀對方的「情緒需求」，從其面部表情、肢體語言中判斷對方的弱點，分析對方最在乎、最恐懼、最喜歡的事項，說什麼能刺激他，做什麼能引導他，快速制訂基於情緒的談判方案，適時滿足對方情緒需求，做必要的退讓，但在對方不在意之處則大膽前進、提高要求。

用情緒進行壓力測試

將情緒作為武器應用到談判中，有利於我們對談判對手展開一次悄無聲息的壓力測試。我們應該巧妙且敏感地察覺自己和他人當下的情緒，及時抓住給對方施加壓力的機會，探知對方的上限和底線。

★ 你能了解到情緒會如何影響自己的想法嗎—測試自己的抗壓力。

★ 透過調控情緒以取得更佳的狀態—控制自己的情緒來掩蓋弱點。

★ 你能根據場合壓抑或者釋放情緒，對對手進行有效的引導嗎—測試對手的抗壓力。

善於利用情緒能讓你成為談判桌上的支配者而不是被支配者。FBI 的心理學和行為學專家們認為，談判中略有神經質的表現不僅不會為自己減分，反而能從對手那裡拿到更多的成果。這是一種奇怪而真實存在的現象，粗暴而強硬的天才是如何征服那些各懷鬼胎的人呢？比如賈伯斯，性格怪異的創始人說服了要求苛刻的投資人和客戶，建立了幾千億美元的商業帝國。再如祖克柏和傑夫·貝佐斯（Jeff Bezos），無獨有偶，他們都被人稱為「瘋子」，也是公認的談判高手。雖然情緒理論在商界已被廣泛應用於團隊管理、領導力提升等領域，但對談判的作用仍是一個有待深入研究的課題。

憤怒也是一件好事

特雷莎・阿馬比爾（Teresa Amabile）是哈佛商學院工商管理學院的教授，她和同事史蒂文・克萊默（Steven Kramer）長期研究情緒的作用。在最近的一次調查中，她們收集了七家企業超過兩百名員工的上萬份紀錄，最後發現：正面和具有挑戰性的工作、積極愉悅的工作環境能提高人的效率和創造力。

阿馬比爾和克雷默在共同署名的《進步原則》（The Progress Principle）一書中說：「積極的情緒能造成滾雪球效應，為團隊和組織提供源源不斷並逐漸壯大的創造力，帶來呈指數成長的正面情緒。」特別是當談判陷入僵局時，這種創造力可以發揮極為特別的功效。她們肯定了情緒在積極這個維度的作用。

那麼憤怒是一種「積極的情緒」嗎？顯而易見，談判高手對自我情緒的駕馭能力和對他人的同理心的理解水準之高是無與倫比的，其中也包括他們利用消極和負面情緒的能力。我向來認為，能將負面情緒作為談判工具的人才稱得上是一位出色的談判者，這也是贏得談判必不可少的能力。

這個觀點推動了 FBI 相關部門在情緒領域的大部分研究進展，也在 20 年前加速了 BAU 部門的建設。我們為這個部門奉獻了一些必要的心理學、行為學和管理學知識，這些知

識能快速提高探員的偵訊能力。在 20 多年前，負面情緒還是一個讓人想要遠離的概念，但現在我們已經普遍明白從中提取力量的重要性了。

為什麼憤怒也是一件好事

在閱讀了數萬頁（約七百萬字）的偵訊紀錄和談判紀錄後，我發現談判影響人的情緒的原因主要有三個：

第一，談判過程是不可控的。有時你會驚訝地發現你和對方均對談判感到不滿，且都無能為力，談判過程是失控的。不論是需要對方以可接受的價格提供（購買）產品和服務、工作中與同事的專案合作，還是需要說服（訊問）某一方提供資訊、放棄請求、承諾交易從而避免訴訟等，過程都是不可控的。你能想到的所有的情形中，我們自己的利益需求都會受到另一方的制約和影響，互相視彼此為障礙。你可能會很失望，對方也很悲觀。

第二，談判進展的不可預知性。何時才能達成交易？這是每個坐在談判桌前的人都關心的問題。嫌犯擔心自己沒有好下場，客戶害怕多花錢卻買到劣質服務，律師憂慮不能說服對方同意某個條件……種種與談判相關的事項全部面臨著諸多的未知因素。這代表了一種強大的壓力，我們為不可預知的明天（下一分鐘）而焦慮，我們的情緒也深受影響。假如談判者無法預知對方是傾向於合作還是對峙，是想好好談

還是來走過場，是已亮出底牌還是正密謀致命一擊，那就很難揣測對方可能出現的言行。談判的環境也是充滿了變數，誰都無法全盤掌握。在偵訊紀錄中，有一位 FBI 的審訊官將自己和嫌犯的對話形容為一場快節奏的曲棍球賽：「中間經常出現突發的情況迫使我調整方向，放棄原來所有的方案重新開始，幾天幾夜的功課白做了，這是家常便飯！」對於像維斯蒂莉這樣的高手而言，意外反而多多益善，他們有比對手更出色的應變能力，他們喜歡且能適應新鮮感，但對大多數人來說，太多的不可知會讓情緒傾向於失控。人的情緒一旦失控，就會暴露自己最大的弱點。

第三，談判雙方缺乏必要的回饋。回饋是人的互動關係中十分重要且具有基礎作用的行為之一，代表了人們交換資訊的積極性。在談判過程中我們與對方有很多可以懷疑和「二次猜測」的空間，時時產生惡意的揣測：他有沒有騙我？他為什麼想這麼做？他為什麼不提前聲明？他加入免責聲明是想規避失信的懲罰嗎？哪怕是一次已經成功的談判，你仍然無法百分百地確信自己的立場是否合適，對方的態度是否真正令自己滿意。你會不由自主地想：如果我再強勢一點結果可能更好，那麼我能否再次開啟談判？我會為此付出代價嗎？產生這些猜測的原因是你們的互信度降低了，破壞了重要的合作關係。因此，紀錄中的很多主角在接受調查時都對自己的能力和脆弱表現出不同程度的擔憂，他們既懷疑對

方，也懷疑自我，根源是雙方缺少主動的資訊回饋。

有些善用憤怒駕馭大場面的人是天生的談判家。他們對談判的不可預知性早有先見之明且心態從容，可以敏銳地感受到對方的情緒並且靈活應變。在情況複雜的場合，優秀的談判家懂得如何借助必要的誇張情緒來扭轉局勢，使原本可能抱有牴觸心理的談判對手改變計畫，能正視己方的條件和要求。

傳達可信的威脅

現在我用一個具體案例告訴你憤怒是如何在互動中建立可信的威脅的。

我方公司與紐約一家基金機構的合作去年出現問題，基金經理把我方委託的 650 萬美元透過一個債權過渡帳戶投資了那斯達克綜合指數，並未能在規定的時間內投入我方約定的醫療、船運、科技企業股權投資等領域。該行為違反了當初達成的協議，但超額賺到了錢，年收益達到 27%。這時候需要怎麼去談？我和助理、律師拿著所有證據到了該機構，但他們的高層躲起來拒絕談判。下面是其中的一段對話。

我：您的行為已觸犯合約條款，這意味著你們將賠償我方 195 萬美元，我方已經準備好備忘錄及合約，現在簽名吧！

經理：正如我在電話中說的，您能否等我們董事會主席從巴黎回來？他得知消息後已於 2 個小時前登上了回紐約的飛機。

律師：不能，你這是金融犯罪，地方檢察官和 FBI 都會介入的，事實上昨天我們就向警方遞交資料了，你想換一個地方再談嗎？

我：你只有 30 分鐘。

經理：好吧。

我：現在決定，我要離開了！

經理：OK，我給副總裁打電話，他 10 分鐘內可以過來。

假如只看這些對話，內容並沒什麼特別之處。我很強硬，律師很盡責，而對方也很聰明。重要的是我當時的語氣和表情，幾乎展現了一個人所能控制的憤怒的極致 —— 不是發狂的怒氣，而是極力克制的不滿和隨時爆發的怒火。隱忍的怒氣才讓人害怕，喊出來的氣憤不過讓人發笑而已。基金經理明顯感覺到大事不妙，他馬上便想到了最壞的結果：聯邦政府司法部門的介入會為這家機構帶來毀滅性的命運，他也要承擔法律責任。

威脅必須是聽起來、看起來全部是可信的（真實的），才能立刻見效。不僅如此，幾乎所有的審問紀錄和談判紀錄中都向人們闡述了因為不懂強硬地威脅對手而體會到的理想

預期與嚴酷現實的差距。用維斯蒂莉的話說：「如果擔心生氣便導致談判破裂，得罪對方，那麼談判即使成功也是以犧牲你的利益為代價的，這樣的結果不如不要。每個人都明白雙贏的概念，憤怒可以讓對手更清晰地體會到你多麼想贏，他會比以往更尊重你的立場。但大部分人也應該知道，處理這種強烈複雜的情緒並非易事，也不是所有的人都天生具備這種能力。」好消息是，只要能戰勝談判時產生的心理壓力，這種能力是最容易習得的。

巧妙施展「冷臉戰術」

在談判中刻意壓制自己複雜而波動的情緒不是最恰當的解決方案，談判專家都建議人們需要勇敢地面對自己內心的擔憂並且提高自我的情緒管理能力，在激烈與冷淡的情感中找到平衡，但是我仍然希望談判人員認清情緒在極端狀態時的威力，比如：牴觸、冷漠、厭惡等平常普遍被認為是商業談判大忌的情緒。它們在特殊的情境中其實是大有用場的，我們能用「冷漠」達到特定的目的。

談判中，你往往需要根據對方的情緒進行適當的應對，並不是說一個平和、有智慧、內斂、熱情的人在任何場合、任何形勢下都能受到歡迎，也並非總能達到目的，但至少別緊張，也別信心不足，大膽實施自己的既定計畫。要知道，

不管對方看上去如何沉穩，其內心忐忑的程度可能跟你不相上下。他擔心你拒絕他，他也生怕你不同意一些有分歧的條件。

內斯納說：「我對人的建議常顯得很牴觸，我聽他們滔滔不絕地講了 20 分鐘也絲毫提不起興趣，我常常想用手離開，且對他們的表演感到厭煩，我是一個冷酷無情的旁觀者，你的心情關我什麼事呢？我一點也不關心，除非你滿足我的一些條件。這麼做很討厭對不對？但這常常比用熱情的方式更快讓我達到目的。」一點也不奇怪，因為內斯納的冷漠讓對方內心中害怕失去機會的情緒被強烈地激發出來。如果你希望對方以一種認真、積極並富有創造力的方式與你對話，不妨採用這個辦法，讓冷漠在談判中發揮它的作用。前提是：你無比確定他是「需要你」的。

你最希望帶上談判桌的情緒是什麼？原因何在？

這兩個問題是相互承接、互為因果的。在國家學院的談判培訓課程中，很多特務表示希望可以放鬆、自信並能全神貫注地投入，這是積極熱情的情緒。因為人們普遍認為這才是制勝祕訣，不管做什麼事它們都是最好的助力。也有一些特務認為應該拓展視野，換一個角度思考問題。他們的回答是：我希望有一點緊張，不是那麼放鬆，因為放鬆會影響我的反應速度。這是典型的特務思維，在談判中有可取之處。

緊張的情緒可以讓人盡量保持平靜，隨時開始戰鬥，能有力地推動談判。

透過幾年的培訓工作和指導訓練，我們發現答案不是非黑即白又彼此對立的，要打破傳統的定義，找到新的支配情緒的方式。有位談判專家說，商業談判人員需要沉著又警覺，主動又有耐心，務實又富有創意。說得很對，但我將這句話簡化一下——保持距離，靈活應對。

一個人無法做到既能心靜如水又能精神飽滿，也不可能做到在保持耐心的情況下主動出擊，至少多數人都是這樣的。面對擺在檯面上的衝突，冷漠比熱情有用。所以我在形勢超出控制時優先選擇離開談判桌，而不是坐在那裡據理力爭；我也不會忍氣吞聲和委曲求全。因為我是談判桌上的實用主義者，如果前景不明朗，我寧可暴露自己的牴觸情緒，讓對方感知到我有多麼厭惡眼下的局面。

你為了克制情緒會做哪些事先的準備

有一些人看見這個問題後會大吃一驚，很少有人想過要克制情緒而不是釋放自己的情緒。難道不是應該對合作表示出極大的興趣、爭取和對手相談甚歡嗎，為何要壓抑自己的一腔熱血呢？不過，人們在思考片刻後，還是能給出正確的思考和實用的想法的。比如：

- 心情放鬆地訓練自己的表情，要很早就開始進行，不要臨時抱佛腳；
- 談判開始前聽 10 分鐘音樂；
- 進行冥想練習，排除雜念；
- 養成不再那麼好奇和熱心的習慣。

在對審訊官的訓練中，我為他們選擇了不同的音樂，讓他們聽音樂聽到麻木的程度，讓每個人都變成不懂表情為何物的撲克臉，就是我的目的。性格開朗和內斂的人進行的音樂訓練是有區別的，但我們的目標很統一：讓特務們在工作中克制情緒，在與嫌犯的心理戰中占據優勢。

假如你的性格傾向保守、不太懂得據理力爭，說明你是一個溫和無趣之人，多聽一聽節奏較強的電子音樂、搖滾樂、交響樂等可以幫助你增強力量；假如人們覺得你的表現力太強（過於激昂和張揚），是那種不由自主便露出鋒芒的人，你要聽的音樂是壓抑、低調、柔和的，比如《月光奏鳴曲》。值得一提的是，維斯蒂莉在國家學院的音樂訓練中連續聽了 3 個月的《月光奏鳴曲》，她的性格太活潑了，剛來到國家學院時，是一位天生樂觀、臉上帶著笑容的女孩。在其他領域這是極為正面的性格，但對擔任 FBI 偵訊部門的審訊官來說卻不是一件好事。

談判的時間越短，我們就越不能對對手過於熱情（急

切地想完成談判、拿到成果），冷漠會在這種極短的談判時間中造成巨大的作用。比如，當你正埋首於預算報表或專案規劃時，合作方突然打來電話：「喂，兄弟，中午有空嗎？半小時就行，我們把最後幾個條款定一下。」這是一次事關重大的棘手的談判，對你很重要，但你並不需要馬上答應對方。相反，你可以很不高興地回答：「我現在有點忙，稍等 20 分鐘我再回電。」不必真的看著錶等完 20 分鐘，這只是一種暗示 —— 你對此次談判遠不如他熱心，也是一個訊號 —— 你可能有其他的潛在合作者。在必要的時候，這種態度對你是有幫助的。

在談判中，哪些問題會讓你的情緒失去平衡

　　總有些問題讓我們的情緒變得不穩定，這其中會有複雜的個體差異，不能一概而論。遲到 3 分鐘對甲是雞毛蒜皮，他的耐心很好，不拘小節；對乙卻可能引發強烈的不滿，他的耐心差，而且很看重守時。出現這種情況時，你的反應是什麼？是否讓你發揮欠佳？不管對方因為什麼事情遲到，你是否很在意他的解釋？你是不是突然在談判中失去了主導權，情緒和氛圍被他掌握了？要著重從自己的談判經歷中尋找類似的問題進行分析，確保自己可以從中總結經驗教訓。關鍵時刻，隊友和盟友坦誠的回饋也能讓你避免犯錯，減少因情緒帶來的損失。

如何抵禦對手的恫嚇

某金融機構風投部門的負責人陳總是業界出了名的「有個性」，和他合作過的人有一個共同的感受：這位老闆的談判風格很暴力！由於手握投資決策權，又相對融資企業居於絕對強勢的一方，陳總在談判桌上恣意展現自己的霸道與強硬，稍不如意便威脅取消投資：「現在有的是好專案，願意投資的卻不多，不同意這個控股條件，那就去找其他機構好了，看看你能不能搞到錢！」久而久之，他被冠以「威脅大師」的綽號，成了業界茶餘飯後的談資。

碰到陳總這樣的談判對手和威脅的行為時，多數人的反應是有強烈的屈辱感，即便忍辱負重地一路溝通下來，心中的憤懣也是少不了的。少數人的對策則是設身處地，不是退讓也不是反擊，是走第三條路線，對抗這種威脅的同時也要想辦法獲得對方的尊重。網路公司的龍頭們在起步時的融資談判階段均遭受過類似的待遇，他們採取的對策五花八門，但大致上屬於以上兩種方式。那麼誰對誰錯呢？面對談判對手的威脅時，我們該如何聰明地回擊，找回雙方的平衡？

中場休息

對手威脅你時，不管他為何而威脅，我們應該做的第一件事就是中場休息，花幾分鐘時間冷靜自己的頭腦。「好

223

吧，讓我們先休息一下，喝杯茶或咖啡，或者來一杯紅酒？」這個提議不錯，不論對手是否同意，你都有了走出他的威脅語境的理由。這好似按下了談判的重啟鍵，利用這段重啟的時間清理談判中出現的負面情緒 —— 他的威脅與你的憤怒和委屈。

最好離開會議室，到外面的咖啡館坐一下，呼吸新鮮空氣。如果暫時無法離開會議室，也可以透過轉移話題的方式迴避對方的威脅，順便思考對策。當你意識到雙方已經陷入無意義的細節爭論時，你也可以在這個時間內提出一個寬泛的、原則性的方向爭取與之達成共識。別涉及太細的東西，先在大方向上找到共識，再推動細節的溝通。

讓談判先停下來，屬於積極主動地控制局面，這能幫助你重新站穩陣腳，否則你會被對方的攻擊性情緒牽著鼻子走。如果你在這時猛烈地還擊，對方的目的便達到了，後果不堪設想。

自我調整

每當我在激烈的辯論中隱隱感覺自己開始出現焦慮或者不滿的情緒時，便本能地深呼吸，立刻進入我的「調整時間」。我不會馬上反駁對手的威脅，而是邀請他一起調整情緒：「需要出去散步嗎？」在我十五年的職業生涯中，有數千起談判是在衝突過後的散步中完成的。我會和對方的負責

人一起去走廊站一站，到人工湖中央的涼亭坐一坐，欣賞景色，品嚐清茶，話家常。別指望對方會無條件妥協，但這對平緩情緒是一個有效的辦法。

當人在緊張或疲憊時，呼吸系統便會自動地減慢速度，這時不及時調整的話，你可能做出錯誤的決定 —— 用威脅對抗威脅，用衝突回應衝突。這麼做解決不了問題，你們有90％的機率爆發更激烈的衝突，進而不歡而散。對方樂於見到你失態，而你直到數小時後才後悔得想撞牆。很多談判就是這麼破裂的。

在自己的調整時間內，深呼吸、適當運動可以重新為身體注入新的力量。人是身心合一的生物，憤怒的情緒會讓肢體隨之緊繃，也會讓人說話的語氣變得急促和富有攻擊性。正如 FBI 華盛頓分部 BAU 部門的談判專家凱米·林迪的研究：人的肢體動作會極大程度地影響人的情緒，如果你身體站直，雙腳分開、雙臂伸展，那麼人體內的睪酮便立即提升，使與焦慮情緒有關的皮質醇急遽地下降。從坐姿變成站姿，就能收到這個效果，達到自我調整的作用。就算僅有幾分鐘，它所帶來的情緒上的積極作用也能持續很長的時間。心情逐漸放鬆的時候，你就能從對方威脅的口氣中靈敏地感知到他內心的脆弱。

處理自己的強烈情緒

假如局面不可收拾，你希望以一種怎樣的狀態結束談判？你和對手都氣得發抖，互相認為對方是這個世界上最無恥下作之徒，你將如何平復自己的心情，重新回到正確的軌道？

我的學生──國家學院一、二年級的年輕特務們對此有不同的回答。有人說：「啊，我鬆了一口氣，這代表我終於能離開現場了！」在強烈的情緒中，得到一個壞結果不再是一件壞事，而是一個解脫的訊號。這說明他們在談判中處於很難受的高壓狀態。也有人表示：「我很滿意，因為對手也失控了，我覺得這意味著機會！」這通常說明回答者對於談判結果及自己的個人表現有正面的期望，對自己的策略非常滿意。第二種態度說明談判者已經接受了「非理性情感」在談判中必然存在和有正面作用的客觀事實，他們比持有第一種態度的人更能勝任這份工作。

把情感作為談判工具。我們這幾年對談判領域的研究顯示，優秀企業的領袖在談判中能更好地感受他人的情緒和情感，並由此推己及人、完善自身，在談判中巧妙地運用好情感這項工具。所以有人能在談下生意的同時和對手成為好友，比如馬雲和孫正義、巴菲特與查理·蒙格（Charles Munger）。

　　管理情緒不是為了把情緒鎖進籠子，而是蓄勢待發。作為談判人員，一定要深知情緒管理的重要性，但情緒管理是什麼？都要求我們做些什麼呢？是把情緒像一隻悍犬那樣關進籠子嗎？絕不是！管理情緒不僅包括對情緒的覺察和控制，還要像出色的運動員一樣善於釋放它們，做到高度集中，蓄勢待發，隨時處理自己的強烈情緒，從心理、行為和其他的各個層面做好全方位的準備。

攻擊對方的不道德行為

　　抱怨在任何場合都是有害的，但義正詞嚴地批判卻是另一碼事。尤其當你拋出了關乎道德的批判時，談判桌上的氣氛頓時就不一樣了。你指責對方的道德瑕疵，否定對方的人格，那麼將面臨以下幾種可能性：

　　1. 對方充耳不聞，無動於衷；

　　2. 對方轉移話題，不敢正面回應；

　　3. 對方感到憤怒或羞愧。

　　無論如何，對你來說，這時出現了一個掌控主導權的好機會——對方必須做點什麼自證清白，哪怕「什麼都不做」也是一種態度的展現，會為他帶去相應的有利或不利的影響。有一次，我和公司的副總裁莫倫、助理蕭女士一行到夏威夷與當地最大的航空公司夏威夷控股有限公司（HA）簽署

合作協議。之前的數月中我們已進行了三輪磋商並基本達成了共識，此次前來不過是履行一個簽約的儀式。我們心情輕鬆，但在簽約的前一天，對方的法務主管休斯做了一件很不厚道的事情，他在協議中加入了一項排他性條款：夏威夷控股有權將雙方合作之技術內容據為己有，並禁止我方應用於其他方面。問題是，這些技術內容的歸屬權早就商定是雙方共有，我方也有權在其他項目中重複使用，夏威夷控股會從中獲得 20％的收益。

這無異於當頭扔下了一顆炸彈，把我們的好心情全炸飛了，本質上這也是一種簽約欺詐 —— 臨時的突然變卦增加我方悔約的成本，試圖造成既定事實。這當然是小人之舉，毫無疑問必須給予回擊，否則就會掉入圈套。所以，我看完他影印好的協議，第一時間便通知他：「簽約取消，談判結束。」他假裝震驚：「嘿，至於嗎？您再仔細想想。」「不必了。」蕭女士說，「我剛訂了機票！」精明的買家會用這種手段促成對自己最有利的交易，也早有應對手段，休斯接下來做的事情讓人更加氣憤，他取消了接送服務，讓司機開車回去了。他傲慢地說：「既然如此，您請便。」

面對這種情況你會如何處理呢？我是說除了憤怒之外，你有沒有更有力量的處理方式？蕭女士的選擇是立即去機場飛回洛杉磯，莫倫的建議則是 —— 不能便宜了這個傢伙！而我在他們之間找到了平衡。談判是不能破裂的，休斯這個

人也是要「收拾」的，那就得抓住他的錯誤大做文章。於是，我採取了下面三個步驟：

第一步，取消此次談判。不是簡單的迴避和休會，也不是等待時間與他的老闆商議，或者重新安排會議，而是正式通知夏威夷控股談判取消了。我們在公司的官網也發出了聲明，談判即將取消，未來無再次談判的計畫。

第二步，提出有目標性和富有建設性的計畫。回到美國後，當夏威夷控股的高層透過媒體隔空傳話，主動表示友善時，我們則同樣透過媒體回應，對合作提出了有目標性和建設性的計畫。我們沒有單純地反擊，也沒有迅速接受對方的歉意，而是技術性地闡述了自己的立場。這麼做可以保證不對對方的行為予以肯定和鼓勵，又能保留繼續溝通的窗口，同時更好地展現我們的實力。

第三步，公開批判。前面兩步只是鋪墊，在發布的媒體聲明稿中，我方對夏威夷控股法務主管休斯的行為從道德和企業文化的角度進行了猛烈的批判，在這點上沒有留任何的餘地。隨後休斯辭職，夏威夷控股董事會另外委任了一個由高級主管組成的團隊赴洛杉磯重新開啟談判。我方獲得了更大的籌碼，最終的合約條款對我們也更有利。

最後總結一下，和咄咄逼人的客戶進行談判時，核心原則在於不要迴避他們的正面進攻，要敏銳地抓住他們在這期間犯下的錯誤，藉機扭轉局面。道德批判是一種屢試不爽的

策略，若要讓他們相信共同致力於解決問題才是有利可圖的，就必須站在制高點上打破對方頑固的立場和心態。你不能掌控節奏，節奏就會握在對方的手中。

▌利用好「心理落差」

談判是一場人和人的賽局，每一場賽局都由兩部分組成，即外在賽局和內在賽局。外在賽局是我們與對手的較量，針對他們設置的障礙見招拆招，解決分歧、團結合作，一起實現既定目標；內在賽局則發生在談判人員的頭腦中，是我們與自身的較量，要克服可能阻礙成功的一切思維習慣。

艾瑞在德州儀器擔任工程師，下面還領導著一個部門。這個雙重角色讓他和很多管理者一樣處於一種兩難的境地，既要做好本職工作，還要處理好上下的人際關係，這就使他同時居於技術人員與溝通者的兩大身分之間。比如，一面是向自己彙報的下屬，另一面是自己的頂頭上司克拉克，他發現即便是很普通的問題在與上司溝通時也會變成一場針鋒相對的談判，且效果很差，自己的情緒每天都非常低落。

克拉克：「你為何告訴員工這個決定？你不該這麼做！」

艾瑞：「沒錯，我確實應該先告訴你，但是我需要在團隊成員做出什麼不可挽回的行動之前先提醒他們，我要考慮到

後果！」

克拉克：「你的邏輯太荒謬了！你考慮過我的感受嗎？自作主張只會破壞管理層的公信力，別把你那套技術原理用到管理上！」

艾瑞：「每個員工都知道有事情發生，如果我不告訴他們發生了什麼和即將發生什麼，他們在工作中又怎會相信我呢，我的公信力何在？」

克拉克：「看來我得恭喜你了，你得到了下屬的信任。但我現在和以後一點都不信任你了。等著瞧吧！」

和上司的談判是一件值得研究的事情，由於彼此天然的不信任，爭吵便成為常態。而且這種爭吵簡直就像被複製後又四處貼上的模板，讓人不勝其煩又無可奈何。艾瑞常想不清自己到底在跟上司談什麼：「我們說了半天，方案是什麼呢？是下次接著吵嗎？」儘管他試圖保持冷靜，但最終還是失去了風度。雖然他心裡有一部分是想好好處理此事，與克拉克找到雙方都能接受的原則，畢竟克拉克是他的上司。但是，他心裡的另一部分卻想要極力反抗。他接受不了懷有期望卻又被夾在中間無所適從的心理落差。

艾瑞該怎麼辦？彷彿他的大腦中上演了一場桌球比賽，桌球在自己的大腦中來回跳動。有兩個聲音彼此辯論：

—— 我應該站出來反對這個混蛋，他太過分了！

—— 不，你要注重團隊合作，別成為搗亂的人。

—— 沒有誰能在被上司這樣對待後還坐得住，我也不能！

—— 唉，就讓這件事過去吧，不值得冒丟了工作的風險。

有多少人在跟上司攤牌之前沒這麼想過呢？人們總要衡量收益和風險，萬一事與願違怎麼辦？艾瑞也想到了這一點。但之後他的內心中與自己的爭執越來越激烈：

—— 這個禿頭的死胖子是在開玩笑嗎？

—— 他懷疑我跟員工是一夥的？

—— 他壓根不明白下面的工作有多難做！

—— 專案工程師討論此事已經幾個星期，我的臉都丟光了！

—— 我必須保持冷靜，否則可能有大麻煩。

—— 可是，這就是為什麼沒有人喜歡你，因為你沒種。

—— 克拉克，你就是個暴君！

—— 別說了，再怎麼說他都是你的上司！

—— 可是不做點什麼我的工作如何開展？

艾瑞越想越氣，他在某一個時刻突然爆發了 —— 在下一次爭吵中，他不想再忍耐一分鐘，不想再當懦弱地被統治的人，必須吼出來才能解決這個問題，被開除也在所不惜。

「如果我不值得信任，為什麼我在團隊裡的公信力最高，大家都信我？」他來到克拉克的辦公室，直言不諱地大聲質問，「坦白地說，你不應該事事徵求我的意見最後又否決我的提議，你若能停止這種行為我會很高興！我不想跟你對話了，有事你發簡訊給我，也不要來我辦公室。當然，要談一談今後正常的工作機制我還是歡迎的！」說完這段話他就回到了自己的辦公室，心情頓時變得愉快，留下克拉克目瞪口呆地站在原地，不知道該說什麼才好。

能告訴對手你內心的真實感受，會讓你感到很舒服。不管是商業還是工作中的談判，強烈的心理落差都會引發情緒的波動，有時怒火構成的巨浪容易搞砸很多事情。但這不是壞事，重要的是怎樣利用這種情緒，抓住一個稍縱即逝的良機。把你的意圖傳達給對手，沒有比這更令人印象深刻的方式了。

▌設定「沉錨」，打破防線

諾貝爾獎得主丹尼爾‧康納曼（Daniel Kahneman）於1974 年提出了心理學名詞「沉錨效應」：

人們在做決策時思維總是被第一資訊所左右。第一資訊就像沉入海底的錨一樣把人的思維固定在某處。即便是同一件事情，第一資訊的不同也能促使人做出完全不同的決策。因此聰明人常利用該效應達到自己的目的。

　　康納曼發現人類的本能使其對自己得到的第一手資訊達到了一種病態的依賴，一旦接收就很難更改。人們在接收了「第一手資訊」時，其後的思考、判斷和行為幾乎全部由這個資訊左右。比如某個數字：你無意間看到一位朋友的銀行存款為 5,000 萬時，哪怕隨後的五年內他變得一貧如洗，你也不相信他是真的變窮了。你的潛意識中總有一個聲音不斷地提醒你：「這個傢伙是裝窮！」在他的著作中也闡述了這樣的現象，數字的參照點或者是任意一個數字均具有這種力量，作為「錨點」對人的認知產生重大的影響，也左右人的判斷力和行為模式。

　　近 30 年來，各大商學院的行銷和談判課程都將這一心理學效應列為必修內容，FBI 國家學院和各分局的培訓中心也開設了相關的技能訓練，教授學員利用沉錨效應在談判、破案、情報滲透、偵訊和追捕工作中取得成果。沉錨效應滲透在我們工作和生活中的各個方面，合理利用這一效應營造談判氛圍，你會讓對方乖得像被操縱的提線木偶一樣。

　　這是因為，人的行為始終是思想的奴隸，思想的形成則有賴於人的所見和所聞。沉錨效應闡述了人的第一印象和接收到的第一手資訊在大腦處理系統中是如何影響決策的，它對人的判斷力享有影響力加權。所以從理論上來講，這一效應在哪兒都能用，就像空氣一樣，它廣泛存在於人的思考、

行為模式的各個方面。正因如此，它往往被人忽視，使人在不知不覺間就被它操控。

無所不在的「沉錨效應」

場景一：幾個雞蛋？

街道上有兩家賣粥的餐館，它們的客流量相差無幾，但每晚結算時，左邊的店總比右邊的店多收入數百元，日日如此，那就很奇怪了。於是有人便走進右邊這家店，服務生端過來一碗粥，微笑著問：「您加不加雞蛋？」客人說加。服務生便給他加了一個雞蛋。每進來一名顧客，服務生都要問一句「加不加雞蛋」，有的客人加，有的客人不加，平均各占一半。這個人又走進左邊的那家店。服務生同樣給他端來一碗粥，問：「您是加一個雞蛋還是加兩個？」他說：「加一個。」後面進來的顧客服務生仍然這樣問，愛吃雞蛋的會加兩個，不愛吃的便加一個，當然也有不加蛋的，但數量很少。一天下來，左邊的店在此項上便比右邊的店多出了數百元收入。

總結：「是加一個雞蛋還是加兩個」作為一個錨點，幫助客人排除了「不加雞蛋」的選項。

場景二：對比出來的 CP 值

某品牌淨水器到鄉下做行銷推廣，先播放新聞報導，告訴人們水汙染是怎麼導致疾病的，證明了水質的重要性，然

後說國外最好的淨水器設備一臺價格高達十幾萬元，再讓臺下的觀眾猜他們的國產品牌的價格。人們議論紛紛，隨後主持人宣布，他們的國產品牌價格只要 4,980 元，七天內下單購買的享受 2,980 元的優惠。這麼一來，臺下的觀眾蜂擁下單，該品牌成功地在低價值客群中賣出了公司的高單價產品。

總結：國外產品昂貴與國內產品低廉的價格對比是一個錨點，讓人們產生了該產品 CP 值很高的想法。

下錨：引導對方做出判斷

在人際關係領域，交際高手很善於在對方心理上下錨，透過某個心理錨點激發對方的興趣和溝通欲，再去拓展新的讓人憧憬的領域加深雙方的關係。在談判中沉錨效應也被大量應用，比如：

使對方預設你已知道某資訊或者擁有某優勢（實際上你並不知道也並不擁有），以此來左右對方的選擇，做出利於你方的決策。

設定沉錨之所以總是發揮作用，是因為人的生理記憶機能：人們易受第一資訊（新鮮資訊）的支配。這些資訊在大腦中第一時間被存檔，並且記憶深刻。重複的事件和資訊在記憶中的重要性居於次位，且經常不被存檔，這就是為什麼人的年齡越大就覺得時間過得越快，因為隨著年齡的增長，人的經歷越來越豐富，很多重複事件未被大腦深刻記憶，導

致時間被「加快」了。談判中，人們也遵循這一生理機制，他們通常十分敏感且無法擺脫這種錨點對於決策的影響。

這就提醒了我們——要在做出決策前先搜索自己已有的經驗，與剛接收到的第一手資訊進行對比。我們需要一個對照組作為判斷依據，但盡量不給對方這個時間。我們可以在談判中搶先一步占據對手的資訊管道，保證我們提供的資訊成為他們做出決斷的錨，從而實現我們的談判目標。

第九章

耐心 ——
對付精心設計的拖延戰術，耐心要用對地方

有些僵局是刻意設計出來的，當我們準備展現自己的
耐心時，一定要把它用到可以推進事情發展的地方。

章引：拖延戰術的目的是消耗我們寶貴的耐心

談判是一項複雜且重複的工作，不僅耗時，還要克服許多意料之中和意料之外的困難，經過數回合才有可能達成協議。因此耐心是談判所必需的素養，沒有耐心的人無法勝任談判工作，也很容易被對方的拖延戰術擊垮。特別是對一些牽涉層面廣、問題多，談判雙方還處於敵對狀態的談判，耐心就顯得更為重要。一旦缺乏耐心，僵局就成了死局。

耐心就像一株長得很慢、看起來又很醜的植物，讓人不願在它面前多停留半刻，但若堅持下去，它結出的果實會十分甜美。所有堅持不懈的本質，事實上都是對於時間的投入。只要你有堅持的毅力，對手的拖延戰術就起不到多大作用。而且，我們也能在耐心的觀察和溝通中找到對自己最有利的位置，達成自己的目標。

「重複互動」式僵局

我們聯合芝加哥商學院的阿耶萊特・費什巴赫（Ayelet Fishbach，暫譯）和康乃爾大學的凱特琳・伍利（Kaitlin Woolley，暫譯）兩位教授成立了一個研究小組，發起了一項名為「互動困境」的調查。這項調查意在了解人們是怎麼在談判中掉進層出不窮的「互動陷阱」的。

其中一個場景的問題為：「人們一起吃飯時的用餐方式是否會影響到他們的合作關係？」我們召集了 1,476 人參加這個實驗，他們都是彼此不認識的陌生人，彼此的生活毫無交集，也沒聽說過對方的名字。我們必須確保這一點，絕不容許有任何一個人是與另一個人相識的。他們要與自己的合作夥伴一起用餐，第一組人跟他們的合作夥伴共享同一份食物，第二組人各吃各的，然後我們分發給他們同樣的議題，讓他們進行模擬談判。

在模擬談判中，每對一塊用餐的人都在隨後分成兩派，一個成為企業的管理者，一個是工會代表。他們接下來的目標是就薪資的問題展開談判，爭取談成一個能共同接受的薪資水準。每天進行一輪談判，每三輪談判發生一次罷工，為談判雙方製造壓力。這是一種很有意思的實驗，我們樂於看到之前還在餐桌上談笑風生的人此時如何互相為難，是否因為無話可說而「沒話找話」卻又談不了什麼實質問題，這是

我們感興趣的。

　　最終的結果是，用餐時共享同一份食物的談判組合平均用了九輪完成了談判，實現了目標；單獨用餐的組合則平均用了十三輪，時間多出了四天。彼此不熟的人在談判時遇到重大關卡就容易重複互動，反覆糾結同一個問題上，每前進一步都很困難；較為熟悉的人在跨越這一關卡時遇到的障礙較小。對此我們發現，這種差異放到現實的商業談判比較的話，會有上百萬美元的成本差異。前者比後者節省了大量的金錢和時間成本。

　　結束對陌生人的測試後，我們又針對熟人之間做了相同的實驗。結果再次證明了我們的判斷，熟人間達成協議的速度比之前的陌生人之間更快，談判時較為直接，喜歡也能夠直奔主題。這能看出，談判形成僵局的現象大部分發生在彼此陌生、不太熟的人之間。比如我們和一位新客戶洽談業務合作，便比與老客戶談判時更容易在某些問題上反覆談判而無法突破。

集中於當前的問題

　　我的職涯導師哈羅德從 FBI 離職時與我有過一場 3 個多小時的談話，那是他教我的最後一堂課。那天，他專門抽出了一晚上的時間，把我叫到他在華盛頓市郊的家，擺了一張棋盤、一壺茶、一瓶酒，開始和我下棋。十幾分鐘後，我的

注意力變得渙散，連錯五步，因為我一手下棋，一手品茶，還要喝酒。隨著時間流逝，我感到自己力不從心，即使是動動手指的事情也很不精確。下棋十分考驗人的定力，而我未能迅速入定。

「你看，很簡單的事情我們也會失去掌控。如何把全部精力集中到眼前的問題上，而不是被其他人和對方的任何行為分散精力，這是多麼艱苦的一項工作啊！我在 FBI 三十年的時光好像有多數時間是在跟自己搏鬥，今天我終於理解了專注這個詞的意義，但也到了離開的時刻！這就是我要對你說的，真正重要的不是你要和對方拉鋸多久，是你自己能否將精力集中到那個突破口上，能否把當前的障礙搬開。但要想做到這一點不容易，人們總被對方的某些行為影響，隨機、衝動地做出平庸的選擇。」

哈羅德教給我的東西讓我終身受益。從下棋這件事上我們可以清楚地看到一個事實，棋盤、茶、酒這三樣東西互相影響，你越想專注，它們就越分散你的注意力。內斯納說，心情煩悶時他會躲到書房、會議室和一個人們找不到他的地方抽菸或者喝杯酒，他以為這麼做能讓自己放鬆下來，但回歸工作後仍然原地踏步，直到他再次逃避。

談判過程中我們總是很容易被對方的行為（挑釁你、激怒你等）影響，無法集中精力思考當前的問題。在談判的僵持階段，精明的對手一定會這麼做，他想看到你失控的樣

子，抓住你的弱點給你致命一擊。但是優秀的談判專家從來不會因為對方的一些挑釁行為而舉止失措、勃然大怒或者憤然離席。他們當然可能終止談判，但只是作為一種談判技巧使用。

但是平庸的談判人員經常犯這樣的錯誤，對漫長的拉鋸和情緒的刺激缺乏忍耐力，行為衝動，這樣的狀況反覆循環。一旦搞砸了一次談判，損失掉一筆生意，他們便跑到上級跟前解釋：「老闆，生意丟了，別再浪費時間試圖補救了。我認為這筆生意做不成，對方一點誠意沒有，我也盡了最大的努力，您知道我這人，哪怕有一絲機會我都不會輕易退卻。」在這個令人氣餒的時刻，上級會安慰他：「OK，你看起來很累了，不過我需要打個電話問候一下對方，這是基本的禮貌。」當上級打通對方負責人的電話時，他聽到的一定是另一番解釋，他不出所料地得知談判並未真正結束，只是自己的手下黔驢技窮了而已。

企業的最高領導者往往更加冷靜，並不是因為他們比手下更聰明，而是因為他們沒有親臨談判現場，因此不至於像一線人員那樣過於情緒化地看待當下的挫折。他們思考問題時能想到深層的和潛在的因素，這說明某些決策的制定需要離談判現場越遠越好，比如隔空指揮一場激烈的談判，畢竟當局者迷，旁觀者清。要想不被重複互動、勞而無功的局面困住，就不能讓自己過於情緒化，一定要學會在關鍵時刻把精力集中到眼前的問題上。

擱置似是而非的爭議

眾所周知，有許多讓人頭疼的爭議其實是一種重要性被無故提高的「虛假爭議」，即毫無意義和純屬浪費時間的衝突。談判正是一門解決衝突的藝術，特別是排除這些似是而非又非常容易毀掉談判的爭議，你需要行之有效的計畫和多種預備方案。

法蘭克·波爾茲在紐約警察局工作了 30 年，經手過多次人質劫持事件，他從中總結出了五種警方針對此類事件的應對方案：

方案一：沒有策略，因為根本不想與歹徒談判；

方案二：靜觀其變，觀察歹徒的下一步行動。如果對方尚無實質行動，靜觀其變是最佳選擇；

方案三：談判，但不要做出讓步；

方案四：談判，但假裝同意讓步；

方案五：談判，而且願意做出讓步。

波爾茲說，和歹徒談判的宗旨是用小的讓步化解大的衝突，防止情況進一步惡化。其中比較重要的一點是，一定不能談及那些易讓人火大，但對解決問題又無實質幫助的事（爭議），爭論與主題無關而又根本解決不了的事項只會火上澆油。

對商業談判來說，這也同樣意義重大，我從 2003 年起便

為世界各地的企業提供談判方面的協助，從他們身上我看到了許多類似的現象：人們坐在一張桌子的兩側，要磋商一些對各自企業意義重大的事項，卻用大量的時間討論瑣碎的問題，互相傷害。這些對大局無關緊要的小問題嚴重拖慢了談判的進度，甚至毀掉本已溝通好的問題。將這些爭議擱置到一邊，對談判的每一個參與方都是有利的。

第一，有些事情之所以成為爭議，是因為你未從對方的角度看問題。你沒有讓對方說出自己的看法，對方的情緒自然會出現變化。

第二，當對方開始糾結並不重要的細節問題時，說明他生氣了，一定要搞清楚原因。因為一個人之所以生氣，是因為他認為自己受到了傷害。這時要承認你的錯誤，及時認錯能在很大程度上減輕對方的憤怒情緒，讓談判重回正軌。

第三，要儘快向對方表示你的立場，比如當對方提出具體的要求時，就算你不可能做任何讓步，也要馬上滿足對方的合理要求，也就是你計畫內一定同意的部分得達成共識。

在爭議發生前，盡量收集盡可能多的資訊是無比重要的。我喜歡那些在資訊收集的工作上盡心盡力的人，因為他們能為一件事做到 120 分的準備，不放棄每一個資訊死角。與這樣的人溝通，不存在盲點；身邊有這樣的同事，你能無往不利。要說服對手放棄大部分爭議，先從收集資訊開始！用無孔不入的情報工作畫出對手的數據圖譜，看看他對爭議

是真的「有疑惑」，還是「另有所圖」。

　　想勸說對方儘快和你達成一致，別再將時間花在無謂的鬥嘴和瞎扯上 —— 將注意力集中在雙方的共同利益上，認真討論真正重要的問題，你要清楚地表達自己的意圖，並且讓對方明白你是在努力尋求雙方的共同利益。只有這時，你才有可能與對方深入談判，涉及議題的核心。不要想「我能讓他給我什麼」，要換一個方式思考：我怎樣才能為他提供一些既不會改變我的立場，又對他有價值的東西？

是談利益，不是談立場

　　為了讓局面緩和下來，我們溝通時要著眼於利益，而不是立場。我很反對在談判中提到立場這個詞，也不想暗示對方：「我們不是一夥的，我們的立場是敵對的。」這種情況經常發生，甚至是我們自己的失誤造成的。在 2003 年的一次偵訊中，一名從特勤部門轉調過來的特務用激烈的語氣對涉及金融犯罪的嫌疑人達比特‧雷哈穆爾說：「不管你是否開口，你和你的兄弟都將一起下地獄，去死吧，垃圾！」此前五分鐘，雷哈穆爾請求給他一杯水喝，說自己也是美國人，有權利要求公民享有的待遇。這名特務的態度讓他感受到了強烈的差別對待，對話就此變成了一種不同立場的較量，導致他寧死也不肯再吐露一個字。

　　每每遇到這種局面我都很頭疼。如果對方不再關心自己的利益得失，目的就是為了反對你，你還能指望他稍微考慮一下你的需要嗎？他巴不得你趕緊去死，因為你是他的敵人。因此在審訊條例的修改中，我建議增加了一項特別條款：任何情況下都不能採取刺激嫌疑人情緒的行為，包括語言、肢體動作、表情。

★　你是否在媒體面前堅持過自己的極端立場，忽視企業的實際需求？

★　你是否非常害怕別人的批評？批評會讓你更強硬？

★　你從來沒想過要改變自己的立場以適應形勢的變化？

★　你對自身利益的理解是「對方付出代價」，還是「共同有所收穫」？

　　這四個問題分別講了四種不同的談判障礙 —— 向媒體公開立場的行為是一種心理障礙；害怕批評的行為是一種自尊障礙；頑固而拒絕改變的行為是一種習慣障礙；損人不利己的行為是一種觀念障礙。要突破雙方因這些障礙導致的僵局，就必須暫時拋開彼此分歧的立場，為創造共同利益制訂解決方案。

　　我建議你和對方一起停下來，跳出談判，先達成一些約定。比如：在談判的結果出來之前，我們能否對媒體統一保持沉默，可否就某些關鍵議題多進行私下協商，而不是發表

針鋒相對的言論？想想看，當彼此都同意這個提議時，接下來會發生什麼呢？首先我們能夠各自走出談判的緊繃氛圍，讓頭腦冷靜下來，不再衝動地進行決策；其次我們能深入思考、重溫一下既定的談判計畫，找找有哪些條件是可以交換的。如果能各退一步，還有什麼障礙是跨不過去的呢？

要有耐心，但不必一直保持耐心

必要的妥協才能打破僵局，對此我們十分清楚。但在具體的實踐中，人們談著談著就陷入了互相對峙各不讓步的境地，形成了一個邏輯循環：你先讓一步，我再讓一步。沒人想先後退，因此僵局就在對立的心情中繼續加深，最終導致談判破裂。許多具有前景的商業談判和專案合作就是這麼消失的，談判人員要從中記取教訓。

妥協的目的是造就雙贏

先想清楚一點：妥協不是犧牲，而是造就雙贏。儘管我們知道雙贏不是談判的唯一結局，但它是世界上大多數談判應該達到的基本目標。如果妥協一下便能解決問題，又何樂而不為呢？不僅我們自己要這麼想，還要將這個訊號傳達給對方。

比如我常對談判對手說一句話：「我理解你的目標是拿100分，因為這也是我的目標。但是，在大家都得0分和各

得 70 分這兩個結果之間，我們應該怎麼選呢？我想不用多說你也很清楚吧。」聰明人不但理解我的意圖，也能心領神會地採取對應的正確行動。

很多人只要想到談判，臉色立刻凝重起來。在他們的認知裡，談判就意味著讓步以及犧牲，常以不愉快收場。他們不想讓步，只想拿一份符合自己最大利益的合約回去，對方簽名蓋章給錢就好了。這其實不是談判，也不是商業的本質。真正成功的生意人和談判專家均明白，想和合作者達成雙贏，就要懂得變通。「變通」是什麼？有變才會通。這意味著你不能只考慮自己，還要考慮別人，共同讓一步，談判才能走下去，走到底，讓大家都有令人滿意的收穫。

對 EQ 高的人妥協，對 EQ 低的人強硬

也就是說，雙方皆能開心而歸，得償所願，才是我們與人談判的最終目的。EQ 高的人不用提醒就具有這種妥協意識，EQ 低的人提醒一萬遍，他們也有一萬種方法把談判搞砸。這麼多年來，我之所以對不少企業的談判團隊感到失望，不是他們的專業能力不行，而是他們團隊中的部分決策者和一線談判人員總是習慣於用「找碴」的思維來溝通問題。他們的一言一行都展現了一種消極的動機：不想讓這件事情有個好的結果。

第一，和 EQ 高的對手才能共同妥協。EQ 高的人往往

有同理心，能換位思考，懂得照顧雙方的利益。與他們的談判、合作均是愉快的，可以在達到目的的同時學到很多東西，拓展自己的眼界。

第二，對 EQ 低的對手必須適當強硬。說好聽點，EQ 低的人不解風情；說難聽點，他們普遍自私自利，冥頑不靈且不顧後果。所以你的妥協極有可能被他們視作懦弱，反而令其得寸進尺，想讓你繼續後退。因此對這樣的談判對手必須以強硬為主，除非他先妥協，否則就只能維持僵局。

我們要和 EQ 高的人互相理解，但要對 EQ 低的人關閉談判的大門。最後需要提醒的是，不論我們能不能成功破冰，或者在談判後達到什麼結果，能否獲得實質的利益，在談判結束時均要保持心平氣和，也不要刺激對方的情緒。我很喜歡「空杯心態」這個詞，因為它的意思就是人要學習忘記成果，淡化失敗，讓每一天都從零起步，輕裝上陣。我希望人們的談判工作也能如此，別在走出會議室後才覺得自己受了委屈，甚至上當受騙，即便達成了協議卻仍然心生不滿，這對未來的工作影響是非常消極的。

就算有時候基於種種客觀因素，我們跟對方暫時無法達成任何共識，費了很大的勁卻白談一場，也沒什麼可惋惜、嘆氣、惱怒和遺憾的，只要遵守了既定的正確的談判原則，展現自己的實力、誠意與格調，就已經算是完成任務，也為將來的談判奠定了一個良好的基礎。

為雙方設置必須達成的階段目標

有位特務的孩子大學畢業後進入了洛杉磯警局，經過一年的努力成了警隊的談判官。全家人為此感到高興並舉辦了一次聚會，人們紛紛向他表示祝賀。在這一職難求的形勢下，能進入警隊已實屬不易，成為談判官這樣的高收入文職人員更是值得開心。在美國，聯邦政府的文職工作向來是大眾心目中的鐵飯碗，若能在這個職位上持續耕耘，說不定有一天會成為全美著名的談判專家。聚會上，有人問他為何選擇進入警隊並成為談判官，這個孩子的回答引來人們的掌聲：「我覺得談判官非常 Cool ！」

不得不說這是一個錯誤的回答。談判官很 Cool 嗎？一點也不！談判官遠沒有電視劇中表現得那樣鎮定自若、口若懸河，這是一個充滿風險和失敗率很高的工作。喜歡這個行業和初邁進門檻的人總有一種天真的觀念，要麼覺得談判是實力為王，有實力什麼都能談；要麼認為談判是一種「摟著規則跳舞」的表演。現實是什麼？這個孩子在 2013 年 8 月 13 日的洛杉磯大學校園槍擊案中殉職，最終以血的代價向人們揭示了談判這項工作在某些領域的危險性。成功的談判者所擁有的只有在實力與規則中間的一片狹小地帶，對於想控制場面的人而言，這是一種火中取栗的遊戲。

在生活中談判也是常有的活動，不過大部分人對談判不

會進行專門研究，抱持的是「既來之則『談』之」的態度，極少有人投入精力為自己制訂有目的性的談判計畫。當談判不期而至時，對話會占據大多數時間，人們希望儘快實現預期目標，但這其中自己的判斷才是最重要的部分：你能否認清你和對方之間的主導關係？你是否知道對方的弱點、需求以及你在他心目中的價值？人們一邊渴望得到一個想要的結果，一邊又從不（或是極少）從根本上檢討自己的談判技巧和對談判的錯誤認知，而是試圖尋找其他的客觀原因。雖然談判是日常生活中常有的活動，但真正懂談判和會談判的人不多，即使受過一定專業訓練的人 —— 比如前文提到的那位特務家中的年輕談判官，對於談判工作也存有很深的誤解。

- **是什麼決定了談判者的實力**。作為談判從業者，你必須是這個領域內的專家，要掌握談判所涉及的專業知識、心理學技能、數據統計和挖掘能力。毫不避諱地說，你對他人隱私的偷取能力也是談判技能的一部分。談判者的個性在其中影響巨大，你是一個愛發脾氣、性情衝動的人，還是一個溫和淡定、喜怒不形於色的人？這些因素綜合起來決定了你的實力。

  專業知識和專業能力是我們贏得談判對手的尊重的必不可少的條件，是構成你的談判實力的基礎。不專業意味著你從一開始就缺乏底氣，信心不足，容易產生誤判，

造成談判的失敗。即便再好的溝通能力和話術，也挽救不了你出局的悲劇。

- **規則是怎樣變得不公平的**。內斯納曾經跟我談過「規則」的話題，他戲謔地問我：「世界上每件事都有它的規則，偵訊室的規則是什麼？是蒙著眼睛猜刑具的遊戲嗎？猜錯了打斷一根肋骨，猜對了水刑伺候？」我回答：「比這精彩，因為不蒙眼睛。」簡而言之，沒有哪個地方的規則是讓人有選擇權的，你可以選擇一條路線，但改變不了事情的最終走向，談判桌上的規則何嘗不是如此。如果你奢求一個公平的規則保證你的權益，那我只能說，這個夢想比蒙著眼睛的嫌犯盼望下一分鐘睜開雙眼就可以看見藍天白雲還要更難實現。

- **規則的目的是製造「不對稱優勢」**。談判的雙方都想要資訊對等，任何一點不對等的資訊都會對某一方造成不公平。但你不要忘了，每一場談判的規則都是臨時制定的，參與方的目的只有一個，就是為自己製造資訊不對等的優勢。某方面資訊的缺失一定會造成你在談判桌上的被動，所以想利用好規則，在談判之前就要盡力收集資訊，分析、研究其中的蛛絲馬跡。

- **規則劃定了底線和「天花板」**。談判者要有自己的底線 —— 最低目標；也有自己的「天花板」—— 最高目

標。規則的一個作用就是為雙方劃定各自的條件範圍，也就是下限和上限，保證雙方的基本利益，避免雙方提出過分的要求。所以一旦拿到了自己想要的結果就應該適時結束談判，以書面形式確定結果，不可得寸進尺。許多人貪心，快要簽名時又拒絕已達成的共識，繼續喊價，使談判風雲突變，這樣做反而錯過了一次又一次的好機會。就像炒股一樣，漲到了既定的盈利點卻又想賺得更多，以為未來還會上漲，因此拒絕停利，但隨著股價的下跌才發現，剛才那個沒賣的價格恰恰是這段時期內的最高點，這時後悔已經來不及了，最後只能虧損清倉。越是重要的談判越要當機立斷，不可拖泥帶水。規則不保護優柔寡斷的人，所以要讓自己在談判中做一位理性的勇士，適可而止才能進退自如。

- **規則也許不公，但能讓你變得更好。**我在幫國家學院的新人上課時常說一句話：「未來也許你不是那個最強大的人，但一定要讓自己成為正在變得更好的人！」你不可能尋找到一個絕對公平的規則，因為規則是屬於強者的遊戲，但你一定有機會利用規則讓自己變得更好。要想主導談判，就要在實力和規則之間找到自己的平衡點，在充分理解和接受規則的基礎上提升自己的實力。

第九章／耐心—對付精心設計的拖延戰術，耐心要用對地方

第十章

原則——
永遠不要為了達成交易而自降身價

不是任何一種僵局都需要你讓步，甚至是大幅度讓
步。請堅持該原則：不是為了破冰而妥協，而是為
了一個好交易而妥協。

章引：無論局面如何僵持，都要堅持「合作的利己主義」

不管發生什麼情況，談判都是一種既充滿權謀又嚴格遵守規則的商業行為。原則是極為重要的，原則可以讓你贏得真正的尊重，也可以幫你獲取長遠的利益。談判的參與者必須在遵守原則的賽局中各自尋找不知會在何時、何地、何種情況下出現的有利於自己的談判結果。就像美國談判學會主席、談判專家尼倫伯格（Gerard Nierenberg）說的——談判就是一個「合作的利己主義」的過程。

既然談判是為了尋求合作，那麼雙方必須按一個彼此都能接受的規則行事，即便是為了打破僵持的局面、尋找突破口也要遵循這一原則。這就要求我們和對方應該以真誠的態度進行談判行為的每一個環節，去贏得對方的信賴，展現自己的誠意。如果有某種行為破壞了原則，我們就不得採取；如果你的善意（讓步）是以損害自身基本權益為前提的，我們就要屏棄。談判的目的不是單純的破冰，而是讓雙方達成一個好交易。

如何應對在簽名的前一刻對方突然提出的不合理要求

矽谷天夢公司的談判團隊氣憤地走出飯店，副總裁戴爾用嘶啞的聲音打電話給老闆：「他們是一群流氓，簽名前五分鐘又提出把價格下調 15% 的要求。」戴爾的臉憋得通紅，領帶快被他扯斷了，脖子青筋暴起。他有理由憤怒，因為 Google 公司的技術經理懷特在雙方已經達成協議後又提出更高的要求，確實讓人無法接受，而且很不道德。這說明懷特認為在這場談判中自己擁有足夠的權力，天夢公司沒有選擇，他才敢恣意妄為。

這就像因為突然聽到了另一種聲音（新的想法）而拒絕為自己之前的承諾負責一樣 —— 男人和女人在步入婚姻殿堂的前夜也許就有這種念頭起起落落：「這場婚姻是正確的嗎？他（她）真是那個對的人嗎？」幸運的是這個世界上並沒多少人會在結婚的前一天悔婚，但其他事情上則司空見慣，比如偵訊室的犯人和談判桌上的客戶。客戶在簽名前突然加碼提出過分的要求和犯人當庭翻供的性質並沒什麼不同，他們基於自身的利益使用這種策略，也不會把自己的行為看作是不道德的。在當事人看來，努力為自己爭取最大的利益合情合理。

這種策略之所以能夠大行其道，是因為總有人不得已接受現實，選擇妥協，同意對方的霸道要求。比如天夢公司，戴爾從電話中聽到了老闆明確的指示：「簽名吧！」那一刻他如遭雷擊，但很快平靜下來，明白了為何這麼做。在這種情況下，天夢公司寧願從這份合約中少賺 100 萬美元，也不願意臨時取消記者發布會。這不僅是莫大的恥辱，而且對公司的聲譽也是一次重創。在人們看來，取消與 Google 公司的交易，一定不是 Google 的錯誤，而是天夢公司的產品有問題。

坦白說，我對這種做法持有的態度是複雜的。我不認為嫌疑犯的翻供會有效果，但是商業公司的這種談判策略卻正好擊中一些企業和談判者的命門。一方面，人們覺得如果對手使用了這種策略，自己應該立刻取消交易；另一方面，人們已經為此（這次談判）付出良多，不能情緒化地做出拒絕交易的選擇。為了企業的面子，許多人忍受了對手的「突然襲擊」，承擔了不必要的成本。

當對方在簽名之前又提出某些升級的要求時，你可以透過以下兩種方式做出反擊：

第一種，將決策權推向更高的級別。

比如你可以放下筆，鄭重地告訴對方：「你的要求我理解，可這不是我的權限能決定的，我們公司也未遇到過這種事。所以我答應你的話，公司有可能取消交易。」換言之，

讓對方明白他是在做一件違反談判原則和不道德的事，向他施加心理壓力。假如你有充足的時間而他沒有，對你就更為有利了。

第二種，當對方態度強硬時，你可以藉機提高自己的要求。

談判中有些臨時加碼的行為是「投機」式的，對方在簽名前抱有僥倖一試的心理：「說不定能被我唬住呢？」但也有些突然提出的不合理要求在對方看來是「合理而必須」的，他們蓄謀已久，不想讓步。要注意分辨這兩種行為的區別。

對於前者，應對的策略十分簡單，重申己方的原則就能讓對方打退堂鼓。對於後者，他們通常態度很強硬，我們的最佳策略是利益交換。比如你可以告訴他：「我很高興您能夠重新考慮某些條件，說明您和我一樣，對這筆交易也有想要修改的地方。下面請允許我說一下我想修改的條件，如果能達成一致，現在就能調整這些條款。」這麼做很容易皆大歡喜，至少對方要重新思考自己的行為是否對自己真的有利。當然，這建立在你並不打算取消這筆交易的基礎上。既然對方提高了要求，你自然也有權利相應地提高己方的要求。

儘管很多方法可以應對談判對手的升級策略，我仍然建議你避免碰到這種局面。許多類似的情況都以不歡而散結

束，雙方不僅未能達成共識，反而關係破裂，將來再想談到一塊去的可能性極低。你不妨考慮採用以下策略 —— 就全部的細節問題提前做好準備，千萬別在談判中做出任何諸如「這個我們將來再談」的承諾。這種當場未能解決的問題一定是對方藉以要挾或提高要求的原因，因為他們覺得你並未做好充分的準備，在他們看來這就是可以利用的突破口。

最後，我們需要爭取在談判開始之前就與對方建立良好的個人關係（工作之外的關係）。這樣做的一大好處是：你可以讓對方難以不經協商便提出更多的要求。出於維護關係的需要，對方多數時候不會做得太過分，否則他很難在結束談判後給你個人一個交代。為了盡量形成雙贏的談判結果，我們要在各個層面做好鋪墊，不要只依靠某方面的努力。

自降身價是最短視的行為

我一位親戚家的女兒最近在找工作，她的學歷是大學畢業，工作經驗不足一年，因此對自己沒什麼信心。上個月有家公司準備錄用她，條件是：前三個月的試用期沒有薪資，轉正後也不繳納保險。她有一週的考慮時間，回來後十分猶豫，四處打電話徵詢意見。從這個舉動看，她很想同意，覺得有份工作總比沒有強。她害怕以自己的條件找不到更好的工作，擔心過了這個村就沒這個店了。

電話打來時，我問她：「你是真想徵求我的意見，還是僅想從我這裡找一點心理安慰？」

「當然是徵求您的意見，您覺得我該同意嗎？現在找份工作很不容易。」

「不能去。」我說，「如果你需要的僅僅是一份工作，那麼滿大街都是，何必從事這種還要培訓的陌生領域？如果你希望未來有好的發展，拿到滿意的薪水，就要拒絕它，這是一個不公平的機會。」

她的憂慮是，自己是一個新人，在這份工作上缺乏經驗；她的學歷不高，在大學畢業生遍地都是的時代，她求職毫無競爭力，對方肯讓她嘗試已經很不錯了。另外，她也欠缺應徵時談判的心理準備。她看起來是在問我的意見，實際上只是想讓我幫助她打消去該公司上班的顧慮。

求職和商業談判在有的地方異曲同工，那就是 —— 你是為了達成交易而交易，還是為了謀得一個滿意的條件？前者會讓你自降身價，不惜犧牲一些條件也要促成合作，完成任務。後者能讓你學會選擇一個好的交易，而不是馬馬虎虎地湊合了事。

我的一位客戶講過他的一次談判經歷。他剛開始做生意時去跟一家大公司談判，希望對方採購他的產品。大公司是不好說話的，眼光高、要求苛刻，為了能拿到訂單，他主動

退讓，寧可不賺錢也要搭上關係：「首批產品免費使用，後續的產品價格比市價低三成也沒關係，只要讓我成為你們的供應商就行，我方一定用實力證明你們的選擇是正確的。」對方問：「你就這麼迫不及待地想成為我們的供應商？」客戶很老實地回答：「因為你們是世界級企業啊！」

結果是他鎩羽而歸，未拿到一張訂單。他把此次談判視為一生的恥辱，在公司對自己的銷售人員年年講，月月講，讓他們明白底線的重要性。你不尊重你自己，即便達成交易也不可能長久，對方也會鄙視你。所以先看看自己的價值，再展現自己的誠意，要在公平的基礎上與對手談成合作。對方被感動，或出於貪小便宜的動機才同意的合作，一定要果斷地拒絕和放棄。你的退讓對他們來說毫無意義，今天你蹲下來達成了交易，明天很可能就得跪下來才能得到一點施捨。而未來，你可能無路可走。

你的退讓，在對方眼中是「不夠優秀」

在你自己看來，退讓是一種誠意，是在向對方示好，表示自己很重視他們，希望好好合作，或者共同把事情做好。但在對方眼中，你的退讓卻是「不夠優秀」的表現。他們認為你是因為底氣不足才這麼唯唯諾諾地一心想達成交易。他們會越覺得你沒資格談條件，然後得寸進尺地提出更過分的要求。

不要為了達成交易委屈自己

有一次我對維斯蒂莉說：「你可以討好身邊的人，可以為了獲得某些東西而放棄最佳目標，但不要太委屈自己。」達成這一次交易固然重要，但下一次、未來的許多次談判和交易呢？總有一天你的身價會降為零，再也沒有什麼籌碼可以出讓。

有一個著名的談判原則是：當別人不把你當一回事時，你要重視自己的價值；當別人非常重視你時，你就不要把自己當一回事。如何理解這句話？首先，假如有一樁交易需要你委屈自己才能成功，那就要好好考慮一下，寧可失去機會；如果對方有意抬高你的身價，願意主動增加某些條件時，面對優渥的交易條件，你反而要冷靜地思考和衡量，寧可捨棄部分利益，也要把條件降下來。談判是為了達成一個合理的交易，這個標準是針對雙方的。

冒險交易的前提條件

符合「冒險交易」的四項要素是：

第一，在合作前景不明朗的情況下仍然交易。

第二，對談判對手不了解的情況下仍然選擇相信對方。

第三，細節尚未談妥且存有很大變數的情況下仍然同意交易。

第四，為了交易而忽視安全性或把安全性放到次要的位置。

洛克斐勒是近三百年來最優秀的冒險家，在那個遍地都是投機商人的時代，洛克斐勒身上集合了理性與冒險兩種截然相反的特質。1880 年代，當洛克斐勒決心要購買利馬油田時，幾乎遭到了公司全體員工的反對。他們的理由是，利馬油田太「年輕」了，未經時間的考驗，所產油質的含硫量過高，聞起來很臭，當地人稱之為酸油。

「不知您對這一情況是否了解？您是怎麼跟油田方面談的？要知道沒有油廠願意買這種劣質油！」

洛克斐勒堅信自己的遠見，他不在乎眼下的風險，他願意為這單交易承擔風險。最終，洛克斐勒用八百萬美元買下了利馬油田，又花重金聘請了科學家研究為原油除硫的方法。雖然一度看不到希望，但洛克斐勒的賭注下對了，利馬油田讓他發了大財。他說：「做任何一件事情都有成功和失敗兩種可能。問題是，許多事情很難分清成功和失敗的可能性究竟有多大，那麼機會來臨時你必須學會冒險，風險越大，收益越多，所以交易就是在管理風險。」

挖掘出有利的條件再冒險

需要強調的是，洛克斐勒之所以能從別人眼裡巨大的風險中看到成功的確定性，是因為他能夠從這樁交易中挖掘出對自己有利的條件。他看到了「可見的未來必然成功的條件」，因此才同意利馬油田的條件，簽下了收購合約，這是一個基本前提。

許多人說：「進行談判時，不要冒險，要給自己留一條安全的退路。」他們擔心失敗，是因為風險像沙子迷住了他們雙眼，使他們無心從中尋找機會，也看不到風險的背後對自己有利的因素。儘管他們總是在嘗試讓對手接受對自己有利的條件再開始談判，但事實上對手不能如他們所願。你想規避一切風險時，對手的選擇是拂袖而去。可能另一個房間坐著一位願意承擔風險的新的談判者，拿著更好的條件在等他。

極度害怕風險而不敢交易，基於這一原因的失敗在所難免，也比比皆是。如果無法承受可能的失敗，你就只能眼睜睜地看著好機會從面前溜走，成為競爭對手的盤中餐。如果你總是這樣，便不能成為談判高手，甚至連談判官也稱不上，你只是一味地屈從於「趨利避害」的本能而已。在談判中我們必須有強烈的「冒險精神」，才能夠在對自己有利的條件下完成談判，達成好的交易。

違反原則的冒險會遭到懲罰

任何時候的冒險都不是沒有邊界的,談判和做交易也是如此。我們對一樁交易的危險性有十分敏感的認知,設置了很多不可踰越的界線。比如:

對方有(連續的)誠信汙點 ── 拒絕交易。

對方有隨時退出(資金鏈斷裂)的可能 ── 謹慎交易。

對方設置了談判陷阱(風險最大化) ── 拒絕交易。

對方誠意不足(合作前景消極) ── 謹慎交易。

我們把這四項原則作為一面鏡子,放大對手的一舉一動,觀察他們的言行,調查他們的背景。一旦觸及,不論條件多好、誘惑多大,我們都不會冒險與之達成協議。談判中你總能碰見一些回報很高同時風險也很大的誘惑。在你選擇是拒絕還是合作時,先用這四項原則逐一分析,使用排除法,可以排除一些最高等級和不可逆的風險。

沒有回報，絕不主動妥協

有一次，Costco 好市多要在上海開業，供應商蜂擁而至，競爭極其激烈。一家很小的公司邀請我與 Costco 進行和品牌入駐相關的談判，想要成為對方的供應商。談判十分艱苦，對方的要求也非常苛刻。強弱分明的情況下很難談下去，這是可以想像得到的，為了長遠利益，有很多空間可以讓步，但對方提出的票期長達 90 天的結算條件卻實在讓人難以接受。全世界的大型超市都找不到這麼長的票期，很明顯對方是在藉機刁難。

這種局面就讓談判進入了毫無進展並隨時可能破裂的僵局。談了兩週後，品牌方的吳經理氣餒了：「要不就接受吧，小蝦米鬥不過大鯨魚，90 天就 90 天，再等下去對方可能把位置給別家了。」我讓他再等等：「你現在投降，對方一定會把票期改成 120 天，比 90 天還狠！」

這是一場心理戰。又過了一週，Costco 的採購負責人許經理突然打電話給我，希望品牌方提供一套能在超市現場製作的設備（品牌方是做蛋糕的），能夠吸引更多的顧客。吳經理聽了很高興，他的公司剛好有一套設備閒置在庫房，隨時可以拉過去。我阻止他同意，回覆許經理：「這件事我回公司盡力協調，在最短的時間給你答覆，但是有票期的分歧，恐怕不太好談。」

許經理五分鐘後又打來電話，同意將票期縮短至 45 天。雖然比大品牌的 30 天多了 15 天，但已經是十分優惠的條件了，很多實力更強的公司連競爭的機會都沒有。最後我幫這家小公司贏得了一個相對平等的合約。這是一次雙贏的談判，是建立在交換基礎上的。雙方有了可交換的東西，打破僵局便比較容易了。

沒有回報，絕不讓步

我在談判中讓步的原則是：沒有回報（交換），絕不讓步（妥協）。我討厭毫無原則的折衷。不少人談判談到一定程度仍沒進展時，就會為接下來即將做出的讓步行為找理由，自我安慰：「談了這麼久，對方一點改變的想法沒有，說明就這條件了，我還耗下去做什麼呢，一點意義也沒有，還是趕緊同意吧！」孰料對方恰恰掌握了你的要害，就等你這麼想呢！在心理學上，這叫「自證預言」。讓你認為不可能實現某個目標，然後你就會反過來認同和服從對方的安排，並且還心甘情願。

大量的銷售談判人員覺得談判時總需要有一方做出讓步，否則談判將無法進行下去，那麼自己何不做這個讓步者呢？也許能給對方留下一個大器、懂變通的好印象，利於今後的合作，說不定私下能交個朋友。這個想法聽起來美好，卻害人不淺。

★ 為什麼一定是你先讓步而不是對方呢？

★ 為什麼你要在沒收到誠意之前就主動讓步呢？

★ 為什麼你要自己承擔造成談判僵局的責任呢？

★ 為什麼你能斷定自己的妥協可以打動對方呢？

永遠別這麼天真，千萬不要以為你善意的退讓可以感動你的客戶或者其他談判對象，使談判變得更加簡單有效。這只是你自己一廂情願的想法，完全不代表對方也這樣想。事實上恰恰相反，你的退讓發出了一個訊號 —— 談判的僵局是你的責任，不是對方的，如今你終於用行動承認了。於是在你沒有提出任何要求的退讓下，對方更加有恃無恐，有可能暗示你繼續放棄一些要求。這時你休想讓對方主動拿出些東西來交換，也別想再折衷當前的讓步條件。

記住這句話 —— 談判桌上你交不到朋友，也沒人把你當朋友！

所以，當你面臨無止境的僵局而需要做出改變時，特別是對方提出了一些要求你讓步的條件時，你應該索取對應的回報，否則寧可談判破裂，也絕對不做出任何妥協。這時要遵循的原則就是交換 —— 想得到什麼，就得拿與其價值匹配的東西過來交換。

例如，殺價是買方的本能，採購一方坐進談判室的第一目標便是把供應商的價格壓到最低，最好是免費。即使是可

以接受的價格，他們也會表示不滿，要求你再讓一步：「再低一點，我們有其他供貨夥伴，價格比你低。」別相信這種說辭，他們是在威脅你。

作為交換，當採購方希望你繼續調降價格時，他們必須同時做出一些讓步。比如加大採購數量、成為唯一供貨商、人力資源或宣傳支持等。從買賣雙方的角度，交易不是一種單向遊戲，雙方獲益才是一次成功的合作。只要在談判中有平等、合乎利益需求的交換，要達成目標一致並不是什麼難事。

記住下面這段話：

我們在每一個環節的讓步都要爭取換來與所讓步的價值相應的回報，任何領域的談判、交易、合作都要遵循這一原則。由於雙方的需求、思考問題的角度和立場不同，對價值的評估標準也存在很大的差異，當你做出讓步後，在得到對方回報的過程中，價值是否對等就成了一個非常關鍵的問題。你要算清楚，別在事後才發現自己占了小便宜卻吃了大虧。

例如，在一次供貨談判中，你在價格上做了讓步（超出計畫幅度），作為交換，你希望對方縮短票期（從 30 天縮短至 10 天），但對方的回報卻是由他們自行提貨，省掉你的送貨開支，那麼這樣的讓步就是不對等的。送貨開支才多少錢呢？乘以 10 倍也不到產品折扣的十分之一。你很失望對不

對？我的建議是，當你在某方面準備做出讓步時，明確地提出你希望對方必須給予的回報，並在合約中加入一條特別條款：如果對方不能按約定向你提供該項回報，則你給予對方的優惠條件立刻失效。

在談判中做出妥協的五個原則

第一，「擠壓式讓步」原則。一定要謹慎而小心地讓步，要讓對方感覺到你的每一次妥協都是艱難的，使對方充滿期待並在得手後有很大的滿足感。同時，每次讓步的幅度也不能過大。

第二，「對方先請」原則。假定僵局不是你的責任（必須這麼做），然後迫使對方先在關鍵議題上做出讓步。視對方讓步的程度，在對方的強烈要求下你再做出相應的妥協。

第三，「讓步必有回報」原則。永遠不做無謂的讓步。比如，在對方尚未提出要求時便主動給予優惠條件。你的每一次讓步都需要對方用對等的條件交換，否則寧可讓談判僵持下去。

第四，「緊抓底牌」原則。你是否了解對手的真實狀況，是否知道對方在哪方面有困難，在哪方面底氣足？清楚了這些資訊，你就可以在對方急需的條件上堅守陣地，但在對方底氣很足的條件上不過分要求。

第五，「按計畫執行」原則。多數談判的破裂是由於局面超出了預想，自己未能事前做好有目的性的計畫。即便需要利益交換，也要按順序進行，提前寫進談判計畫中。商討和制訂計畫時，將具有實際價值和沒有實際價值的條件嚴格區分，在不同的階段和形勢下使用。

怎樣才是「好交易」

我認識拉斯維加斯一位商業談判官詹姆斯・龐根，他在市中心有間辦公室，受僱於那些有特定需求的公司，為他們擬定合作協議的草案。他做這項工作已有 23 年了，現今是這個行業最難對付的要價高手。

龐根說：「談判者是如何被確定位階的？是你自己的期望值。期望值決定了一個人等級的高低，期望值也影響你的行為，讓你『更自信』或『更自卑』。你的期望值越高，在談判中的表現就越好。」一個人能談下多大的成果，從他開口時的第一個報價就已經決定了。假如你總是先說出自己的保留價格，你就永遠無法得到那個期望已久的價格。

龐根是一隻狡猾的老狐狸，很善於要價。他會為一個最簡單的談判做最複雜的準備工作：明確自己的目標 —— 挖掘對方的目標 —— 制定談判的策略。他的每一次談判都遵循這三個步驟，以便尋找對方的潛在弱點：價格下限、價格上限、

最害怕失去什麼、最希望得到什麼等。所以，他能在擬定協議時充分而精準地展現出客戶的「最佳利益」。至於最終能得到什麼，那得看談的結果。

- 保留價格 —— 自己能得到的價格下限，或者自己能付出的價格上限。
- 期望價格 —— 自己想得到的價格上限，或者自己能付出的價格下限。
- 議價區間 —— 在價格的上限和下限之間的浮動空間。

想達成一個對自己最有利的協議，就要事先決定你的價格上限和下限，因為你的第一個報價具有「沉錨效應」：太高會把人嚇跑，覺得你高不可攀；太低會引起對方的輕視，覺得你一文不值。天夢公司的戴爾在與 Google 達成協議的兩週後便被董事會解僱，原因就是他與 Google 談判時暴露了公司的價格下限，給了對方的技術經理繼續壓價的信心。哪怕是在即將落筆簽名時，Google 的團隊仍有把握讓天夢公司就範。因此，在準備說出你的價格時，一定要想到 —— 當這個價格落實在協議中時，與自己最期望的價格往往會有30%的落差。你的報價越低，對你越不利。

無論如何，談判之後形成的書面文字比口頭承諾更加可信，有可執行的落實方案比形而上的綱領更可靠。打個比方，你的公司請了幾名行銷人員做產品的推廣活動，有一天

你決定調整產品的價格，讓他們和客戶協商。這時你一定需要書面通知，光打電話或會議通知是不行的。我們去企業參觀也能證實這一點，關於產品的價格調整，企業總是印發紙本通知貼在銷售部門的顯眼之處。談判結束時將協議印成書面文字更是必不可少的，同時也要使協議有可行性，有對於如何執行、監督、回饋的約定。這是因為影印出來的文字對人們產生的影響力更大，印象也更深刻。從古至今，人們都比較容易信任書面的東西，白紙黑字讓人有安全感。即便是一些聽起來並不可信的東西，只要寫在了紙上也能增添幾分可信度。這也正是為什麼我主張帶著簡報去談判現場的原因：

能出示書面說明，就別光用嘴說。

能使用簡報，就別只寫在紙上。

能列成書面條款的，就別只用電子檔說明。

無法落實為紙面約定，未配置有執行條款的，稱不上是一次成功的交易。試想一下，你和客戶談了七天七夜終於達成了共識，就合作寫成了協議，結果從頭到尾，翻來覆去說的都是很空洞的大道理，如何去做、評估標準、回饋機制等卻說得模稜兩可，具有很大的執行難度，這樣的協議有什麼價值呢？我們可以稱之為合作意向，卻絕對不能視之為正式的合作協議，也不能說雙方已經達成了交易。

只要現實情況允許，就一定要在談判的最後使用書面文件 ── 包括善後和結束階段，並且一定要有可以保證計畫落

實的方案。談出來的計畫要變成現實，談出來的方案也要具有可行性，包括向你的對手出示質詢式的書面文件。假如你是透過電話與他談判，記得掛斷電話後補發一份傳真，書面確認電話中談到的內容。

許多失敗的談判並不是毀在大問題的分歧上，而是毀於拙劣的細節處理上。人們在原則問題上把酒言歡，談到了細節問題卻各執一詞、互不相讓，最後反目成仇，談不出任何結果。

內斯納說：「要學會把最棘手的問題放到最後處理。」什麼時候是最佳時機呢？在 2013 年的某個人質挾持事件中，內斯納孤身一人走進超市，和持槍綁匪談了兩個小時，談的全是家長裡短、生活哲學、情感經歷，直到最後幾分鐘他才涉及對方最關心的問題：如何安全地離開超市。綁匪已經相當不耐煩了，忍耐似乎到了極限，隨時有開槍殺害人質的可能。超市外面的警察和 FBI 探員緊張萬分，狙擊手數次請示射擊。現場指揮官說：「再等等。」奇怪的是，綁匪輕易同意了內斯納的條件：和人質一起走出超市，步行到 70 公尺外的街道轉角。內斯納讓人在那裡安排了一輛汽車，他建議綁匪開車離開並保證警察 10 分鐘內不會追趕。

綁匪在離開超市 20 公尺的位置被捕。FBI 探員抓準時機，從側後方撲倒他，警察蜂擁而上給他戴上了手銬。為何綁匪同意了內斯納這個明顯藏有陷阱的提議？因為前面兩小

時的談判已耗盡他大部分的耐心。從心理和生理的角度，當最後談及這個關鍵而棘手的問題時，綁匪的要求已不再像剛開始時那麼苛刻了，他的戒心鬆動，反應能力開始下降，精力也到了極限。他未經深入思考便與內斯納做了這個交易。

解決談判中的細節問題從來都是一門大學問。就像內斯納的經驗，我們在原則的層面與談判對手的分歧並不像人們事前想像的那般嚴重。我們和客戶、投資人、上司乃至罪犯的「大原則共識」一定比你設想的多 —— 你不會想到自己和那些陌生人有多麼令人吃驚的共同點 —— 恰恰是在細節上的分歧才是影響談判成敗的關鍵因素，尤其是在某些舉足輕重的環節上，一個細微的差異就有可能導致談判破裂。這類問題就必須放到最後解決，也有必要在最後的環節再討論如何處理它們。

這是因為：

第一，由易至難符合人的心理建設。先解決相對簡單的問題可以做好心理建設，逐步加深互信，為後面解決較難的問題打好基礎。

第二，累積更多的變數。透過先討論簡單的問題與對方多角度溝通，能夠從中發現更多的變數。當談判進入攻堅階段和最後的關鍵時期時，這些前期累積起來的變數就能發揮一定的作用，有利於為解決棘手的問題提供助力。

只要堅守原則，沒有什麼是不能談的

你的談判原則是什麼？

著名談判專家劉必榮教授有一個觀點：談判可以視之為是開門和關門的一門學問。我把他的觀點總結得生動一些，就是優秀的談判者要扮演的其實是一個守門人的角色，門裡門外的風景你可以不管，但門的開和關、誰能進出則完全由你決定。做到這點便控制了談判，也掌控了對手的心態，能最大化地滿足自己的需求。

操控就是開門和關門

內斯納在談到如何操控嫌犯的心理時說，談判的時候你必須給對方一絲希望，讓他覺得聊一聊總比什麼都不說好，並且一直操縱著這個希望，要給他留後路，讓他有臺階可下，「只要答應我的條件」，這就是開門；他激動時，我冷靜地聽他講話，這也是開門，我給他一個情緒的出口，我願意理解他的立場，傾聽他的不合理要求。與此同時，我利用法律、制度堅守必要的立場，告訴他什麼條件不能滿足，這是關門；我製造時間壓力及通知他最後期限，要求他儘快做決定，這也是關門。在這一開一關之間，我便實現了控制，也能逐漸和他產生共識。

我對此不盡同意，我覺得效率還可以更高一些，比如把門鎖死，在限定條件內讓對方在極短的時間內做選擇，偵訊室裡每天都在發生這種與壓力賽跑的故事。但 FBI 的心理分析師從事的工作就是這麼枯燥和無味，他們每日思索怎麼用文明的方式折騰那些犯罪分子的大腦。我有時也建議他們辭職去五百強企業擔任談判官，他們精於此道，工作的目的就是思考對方的經歷、對方的感受，研究對方會害怕什麼、喜歡什麼，收集這些資訊，看看怎樣操控這些人並獲取利益。

高明的對話者和談判人員善於傳達一些特定的訊號，確認對手的感受。比如，他們使用「誰」、「什麼」、「何時」、「哪裡」、「為什麼」，以及「如何」等詞語與對手溝通，這些詞語宛如「錨」和「門把」的作用，引導對手的思緒走到一處預設陣地。在這裡，他們有充足的自信讓對手提出自己想要的方案，讓結果符合自己的預期。操控是無聲無息的，弱勢談判者對此一無所知。

什麼是強勢談判者

簡單來說，強勢談判者可以用自己的方式完成談判。這就像你對一個人說：「這是我的房子，我的桌子，我的咖啡，我的車！」你熟悉這一切，像在自家餐廳吃飯一樣自在，而對手坐立不安，毫無安全感。他只想快點拿到一個結果然後逃走。

成為強勢談判者需要掌握兩個技巧：

第一，抓住說「不」的權力。談判桌上的權力首先來自於拒絕，也就是要掌控說「不」的優先權。使用這個技巧需要注意的是，談判的最終目標是讓對方說「是」，但不能一開始就把它作為目標，不要直白地要求對手答應你的條件，這只能激起他的反彈。其次，說「不」會讓人感到安全和體驗到控制力，因此要盡量促使對方說「不」── 先允許他否定一個要求，這對讓他同意下一個要求大有幫助。最後，當你的談判對手始終不肯邁出關鍵一步時，果斷地用一個簡潔明瞭的「不」拒絕他的主要訴求，這個步驟可以暗示他，如不同意你的關鍵條件，你將要退出談判了。

第二，擁有讓對手說「你說得對」的能力。讓人服從不難，讓人發自內心地認可你的觀點卻不容易。我們經常聽到的是：「雖然我不同意你的要求，但我為了⋯⋯只能答應你的條件。」我們多數時候搞定的談判都是「利益驅動」式的，對方為了利益不得不屈從某些不合理的條款。如果你擁有了讓對手佩服和肯定的能力，在談判中將無往不利。為了讓對方說出「你說得對」並且毫無反感心理，我們要在溝通中給予一定程度的肯定、鼓勵、贊同和欣賞。假如你能讚賞對方的部分表現，對方也會願意回饋你。強勢談判者的最高境界不是以氣勢壓制，而是透過氣場引導對方。

不要過度使用某種策略

　　請謹慎地對待已經頻繁使用的談判策略，特別是某種高壓策略，即便它非常有效。如：離開、警告、懲罰條件、第三方介入、信用曝光等威脅性的手段，在一次談判中不能出現超過兩次，你最多有一次或兩次的使用機會 —— 除非你已準備好接受談判破裂。

　　麥克是混跡於華爾街的一名職業談判家，他專為投行處理專案的善後工作，五年便賺了一千多萬美元，實現了財務自由。這個數字側面證明他從事的這份工作對投行有多麼重要，因為對一項投資而言，風險最大的時期是收尾階段，投行怎樣從一個成功的專案中獲利撤出，如何從一個失敗的專案中拿到對賭賠償，全身而退，這些事情都不簡單。

　　「與融資者簽署的投資協議可以解決部分問題。」麥克說，「成功的專案也相對好處理，創業者賺了錢，到期贖回股份，投資方獲利從專案中撤退，大家很開心。最難的是那些失敗的專案，數億資金投進去就像被漩渦吞噬了，連個飽嗝也沒打，投資方不能一無所獲。但這時問題來了，對賭協議一般約定了專案失敗後的賠償流程、數額等，融資者也有相應的抵押和擔保，協議上寫得明明白白，可他們此時沒錢了，而且很可能已債務纏身；他們為了這個公司付出了全部的心血，如今創業失敗，還要把已經花掉的投資的錢再找回

來。這是一件很殘酷的事，所以投資方需要我去說服融資者。」

設想一下，如果一名投資銀行經理認為自己有非常強大的威懾力，卻發現對方已到了死都不怕的境地，其所面臨的挑戰可想而知。他又能從這個可憐人的口袋中翻出幾個硬幣呢？我在 21 世紀的第一個十年見到了太多因專案失敗而一貧如洗的創業者，他們起初有多麼意氣風發，後來就有多麼絕望不堪。風投機構如不採取一些特殊策略便一分錢也收不回，麥克的目的就是幫助這些機構將損失降至最低。作為一名經驗豐富的職業談判家，麥克認為操控一個人最有效的方式是幫助他自己往前走，說服的最好辦法是「引導他自己想清楚」，而不是重複採用威逼策略——當對手已習慣高壓並不再有任何顧忌時，他感覺不到你所擁有的權力，基於這一權力的相關策略也是無效的。例如：遭到慘重失敗和負債累累的創業者不再疼惜名聲，不再畏懼法律，不再害怕眾人的指責。你對他的過度威壓只能讓事情變得更糟。

要注意人和人的壓力界限，超過這一界限之後，我們跟特定談判對象所談判的目標將毫無價值可言了。盲目和過度地試圖操控對方絕不是一件好事，你最終可能只會獲得一個好處，那就是在這個過程中盡情發洩了自己的情緒。總體來說，要在談判中因時而動，看清楚對方的現實情況。談判的

初衷是解決雙方的分歧，促成合作，不是讓雙方越走越遠，更不是為了羞辱和貶斥對方。

說服的本質

說服的基礎是相互依賴。在思考說服方案的時候你想到的第一件事是什麼？是能讓人動心的理由，還是如何給出一個對方不得不同意的條件？我建議你不妨想一下你們之間的「依賴程度」。去了解對方需要你的原因及程度，這是你能在談判中獲得相對權力的核心所在，對方越是需要你和你的服務，你的權力就越大，反之則越小。你對對方亦然，你是否依賴、倚重對方呢？假如你和對方都彼此依賴，這種依賴就是深度合作的驅動力，就像戰爭時期的生死盟友一樣，那麼你們都將從談判中獲益，說服將不再是一件難事。具體地說，誰的依賴程度更深，從談判中獲得的權力就更小，相比之下也就更弱勢。

說服需要你提供最佳方案和次佳方案。我認為「強勢談判者」具備一種能力，就是能夠為對方提供一個最佳方案和次佳方案，用無法拒絕的「好理由」說服對手。專注於相互深入合作的舉措，才能讓談判雙方把精力放在探討具建設性的細節上，並且把雙方的話題從「我能夠從你的方案中得到多少收益」轉變為「我能透過哪些方式使這個方案變成現實」。

尾章

談判陷入僵局時經常出現的 10 個問題

問題 1：假如對方固執地相信另一套標準，我們該怎麼辦？

有時你會發現雙方談了沒幾句便進入了僵持階段，無論你們怎麼談，其實都是不可能談得下去的，因為對方堅持的那一套標準和你的截然相反，毫無交集甚至是針鋒相對的。典型的如兩家不同文化、信仰國家間的企業的談判，商業理念的不同，會讓談判還沒開始就已經結束了。我們要採取什麼樣的方法才能使得談判最終達成一致呢？

很不幸的是，這屬於最難解決的結構性衝突。什麼是結構性衝突？在現代談判理念中，談判的宗旨是把蛋糕做大，人人可分、多分，而不是爭奪一塊蛋糕將之據為己有，讓別人少分或分不到。這一點已被賽局理論證明，即談判大致上可分為四種模式：A. 零和賽局；B. 非零和賽局；C. 競爭賽局；D. 合作賽局。現代談判多屬於第四種。如果你的標準是 D 而對方的標準是 A 或 C，就會出現標準不統一甚至極端對立的情況。

大部分談判並沒有一個統一的談判標準，每個人有自己的行事原則，背後則是他所堅持的價值觀和利益需求。公平與否，取決於自己的目標，並不是由對方判定的。所以不要自信地認為你給了對方一個「完美無瑕」的條件，我們在談判中總是要追求標準的折衷，聽取和採納對方的某些要求，哪怕是各讓一步的標準也強過對立和爭執到底。

問題 1：假如對方固執地相信另一套標準，我們該怎麼辦？

★ 即便是互相對立的標準，在碰撞後所產生的結果也比你的主觀決定更為明智。別排斥對方的標準，先完整地聽完，保持尊重的態度。

★ 堅持自己合理的標準可以減少「不理性的讓步」。因為人們通常易於接受對方的強勢原則或者看似公正的標準，很難始終堅持原有的合理原則。合理的要求一定不要退讓。

★ 有一些標準比主觀立場更能說服人，要找到這樣的標準。不是讓你說服對方，是展示自己更客觀的立場，幫助你在某些問題上立於不敗之地。

例如，我幫一位年輕的基金管理人與華爾街一家銀行就薪水問題進行談判。銀行負責人說：「我的職位比你高，你並不比我聰明多少，因此我決定第一年只給你 20 萬美元，和我五年前的薪資水準一樣。」這幾乎能唬住所有的求職者，99％的人可能退而求其次，放棄對薪水的要求。但這句話其實是很荒謬的。我為基金管理人指出了這些年來通貨膨脹的影響，又分析了基金管理工作與銀行其他業務的不同，建議以當前的薪水標準作為參考。銀行負責人拿不出更合理的標準，我的要求便得以兌現。

第一，提出更有說服力的標準。像「通貨膨脹」這樣的標準在薪資談判中更具說服力，它能切中要害，受到人們廣

泛的認可，符合當下時間和環境的需要。假如對方的標準你無法接受，就要首先考慮用一個說服力更強、合理性更高的標準代替它。

第二，沒有必要就什麼是「最佳標準」這樣的問題達成一致，它與談判的目的無關。理想與現實的差距甚大，由於人們的利益追求、價值觀、人生閱歷和認知體系的差異，我們對「最佳標準」的認定會產生分歧，總認為自己的標準是最合理的，而對方是無理取鬧或得寸進尺。如果非要在這個問題上分出勝負，談判是不可能有圓滿結果的。為使標準問題達成一致既不必要，也浪費精力，最終會兩敗俱傷。標準只是一個談判工具，不是我們談判的目的。

使用雙方均認可的客觀標準來縮小分歧，拓寬達成協議的空間。當對方堅持自己的那一套體系時，你可以尋求證明其中無法促成雙贏的問題，提醒對方必須權衡利弊，考慮其他較為公正的標準。有時候也可以找第三方仲裁人甚至雙方採取折衷的辦法在標準問題上達成共識，否則談判可能在第一步就結束了。

問題2：假如用非道德手段能夠成功地脅迫對方，我是否應該這麼做？

多年前，中、美、英三國學者曾合作開展了一項關於「道德攻擊」的談判策略的研究，這些策略中包括間諜行為、說謊、誇大其詞和使用不道德的手段企圖讓對手遭到解僱。結果是，美國人最喜歡在談判中對國外對手使用這一手段，中國人採取此類手段的可能性最小，英國人居中。現實中如果存在這麼一個機會 —— 使用不道德手段可讓你迅速獲利，你的選擇是什麼？是否應該這樣做？

拋開地區和行業差異不說，任何地區和行業的談判者都認為對方陰險狡詐，不是善類。換句話說，中、美、英三國的商人都認為對手不講道德，一定會採用某些陰暗的手段攻擊自己，但他們的應對思路有很大的差別。美國企業崇尚對抗性的談判，中國企業則傾向於柔性溝通，迂迴解決問題，直至迫不得已才採取非道德策略。

但是，「非道德攻擊」其實也是一種「誘捕手段」，常被用於戰術性壓價和提高籌碼，並非是談判者的最終目的。任何強硬的立場都可以用這種手段表現出來，迫使對方讓步或同意自己的某些條款。

比如，當客戶突然告訴你：「你們是拖延進度的慣犯，我聽說一個產品你們通常延期90天交貨，許多客戶怨聲載道，

對你們有不好的印象。」有這回事嗎？也許有一些，但好像這個行業中的大部分企業都有這個問題，是一種默認的普遍現象。因為這是由產品的特性決定的。你們可能必須在特定的季節發貨，也可能受制於海關而只能延期發貨。對方的指責是在用道德手段迫使你讓步。

「除非這次打 5 折，否則我要再考慮一下！」

他說出了自己的目的，你怎麼辦？這種指責當然不是真的，你們是一家很有原則的公司，為產品留出的生產時間長達 3 個月，有時是 6 個月。交付日期不是問題。對方的談判人員和採購主管之所以在交貨時間上大作文章和發動攻擊，就是為了讓你大幅度降價。換位思考一下，如果你有反擊的機會，你會抓住機會嗎？

答案是：要清楚你的目的並緊扣談判的主題，不要為了攻擊而攻擊。因為透過道德層面的指責，你能察覺到對方的底線，你們所糾結的議題本身並不是真正的問題，目的是提高或降低價格，為自己爭取利潤。當我們也採取不道德的攻擊手段時，只是用這個議題壓低對方的價格籌碼而已。因此你可以放心使用，但不要過度放大它的效果。

問題 3：既定策略與現實南轅北轍，我們該如何調整？

為了應對談判，我們會提前擬定計畫，根據對手的資訊制定一套有針對性的策略。但談判中唯一不變的是「形勢隨時會發生變化」，如果形勢發生了變化，既定策略可能就派不上用場，這時應該怎麼辦，如何及時、有效地調整？

充足而精準的資訊準備是談判能夠成功的關鍵。毫無疑問，在制訂計畫時，最關鍵的因素就是資訊。當你準備就採購一套新設備、融資或合作而展開談判時，你總會多方打聽和收集更多的資訊，預測對方的條件和其他想法，然後理清自己的談判思路——價格、時間、回報、合作方式等。但不管使用什麼策略，你都無法做到滴水不漏。你想像對方會採取 A 策略，最終對方可能採取的是 B 策略。這時候，精心準備的談判變成了突如其來的「隨機抽題」，你如何隨機應變？對方會給你重新思考的時間嗎？

第一，了解對方的目的是調整策略的基礎。無論談判策略如何改變，談判目的都是不變的，除非出現意外。所以在調整策略時仍然要著重於思考對方的原始動機：「他們想要的是什麼？」在這個思考的過程中，你會發現你們有各自的優勢，不同的只是談判技巧。你可以選擇先放下整個計畫，開門見山地和對方洽談最重要的議題，為雙方節省時間。

　　第二，想努力避免這種情況，就要控制談判的流程。比如，遇到棘手的情況時（狡猾的對手），我通常不會選擇針鋒相對，而是推遲談判的進度。我會要求對方先給我一份詳細的清單（調整後的），像報價明細、條件、負面清單、人員變動資訊、日程安排等。我不允許自己陷入一種無法深思熟慮的被動局面，也不想在時間緊張的環境中展開談判。因為這是對方刻意製造的壓力情境，他們想看到你崩潰，而我們應該努力避免這種情況。控制談判的流程，能夠從根本上化解難題，讓你擁有談判的主導權。另外，我建議你事先與對手建立良好的私人關係，透過大量的事前和私下溝通，可以發現某些蛛絲馬跡。

問題 4：談判中雙方有嚴重的價值觀衝突，如何處理？

　　當談判中因價值觀的不同而發生衝突時，人們對達成交易的前景往往是持悲觀態度的。價值觀所產生的矛盾經常讓談判不可逆轉地破裂。發生這種情況時，我們的正確處理辦法是什麼？

　　極少有人真正地去思考過這個問題：人們為何發生爭論？根本原因是什麼？真的是價值觀不同嗎？很多人無視自身的問題，只想知道怎麼樣才能成功地說服對方，如何讓對方同

問題 4：談判中雙方有嚴重的價值觀衝突，如何處理？

意自己的提議，購買自己的服務，服從自己的思維認知。這麼做的結果是 —— 對方不會給你坐下來仔細談談的機會，也不會任由你輕易說服。

不少立志成為談判專家的從業者、管理者、個人創業者擅長用成功學和心靈雞湯之類的內容來為自己尋找問題的答案，也習慣用這套跟談判對手溝通。也有越來越多的人去進行口才訓練，學習演講技巧，試圖用精心準備的說詞打動對手。但是，現實是殘酷的。你從書店讀到的大部分書籍和從培訓課程中學到的多數演講技能無法幫你解決最基礎的問題 —— 價值觀衝突。當你和對手發生價值觀的衝突時，你會發現所有的演講技能與人生哲學都派不上用場。談判在此時不再是一種口舌之爭，而是上升到了人和人之間較深層次的爭執。

人與人之間最大的不同是大腦。人的大腦之間的不同是什麼？是思想、信仰、價值體系，是經年累月累積沉澱的觀念、習慣和利益需求。世界是很現實的，人類也是。如果你發現自己和對方的價值觀有衝突，一定是你們對於現實的需求有著根本性的差異。

有一點值得注意，人們總覺得自己的價值觀或者觀念是「絕對正確」且具有普適性的，因此別人應該無條件地接受並且採用自己的價值觀，遵從自己的某種觀念。我們擺脫不了這種習慣，它隨時可能跳出來主導某段時期的思考和行

為模式，並體現在談判中。所以，人們在談判過程中會有意或無意地向對方推銷、推薦自己的價值觀，並以此去衡量、要求對方。但可惜的是，對方也有一套自己認為絕對正確的價值觀，而且也想讓你接受。雙方產生了溝通的障礙，彼此不能理解，也不能同意對方的價值觀念，這會導致談判陷入僵局。

- 總經理

  價值觀：我是公司的管理者，我有權按照自己的想法決定一切事務，公司所有人的工作都要符合我的要求，讓我滿意才行。

  觀念：我是面試官，應徵者要按我的意願回答，而且必須讓我滿意，否則我不錄用。

- 應徵者

  價值觀：我的能力很強，我能為公司創造巨大的價值，公司應給我理想的回報，也應聽取我的建議。

  觀念：面試官從簡歷上應該很容易看到我的能力和對公司的價值，他不應給我出難題。

看到雙方的價值觀和觀念的衝突沒有？他們均認為自己很重要（相對重要），都認為自己可以贏得這場談判的主導權。這種情形經常出現在談判中，沒人不想成為主導者，誰都想讓對方接受自己的價值觀念。

如何化解這場價值觀戰爭？

第一，調整自身定位。通俗地講，就是讓自己有一點自知之明。你要清楚自己的位置，明白自己不可能掌控全局（所有環節），要跟其他人配合才能把這件事做好，因此必須體諒和滿足對方的正當要求。

第二，對方真的沒有道理嗎？一定要好好思考這個問題，想一想並嘗試找一個答案：「對方的要求有沒有合理之處？我適當妥協一點真的不行嗎？對我難道沒有任何好處嗎？」假如我們均能理解對方，願意在現實層面互相支持和合作，價值觀衝突便影響不了談判的走向。

問題 5：當我們和對手陷入了無止境的爭吵，還有必要談下去嗎？

有時候，無止境的爭吵已經持續了好幾個小時，桌子拍得震天響，唾沫滿天飛，你們仍然各執己見，這時還有必要談下去嗎？

爭吵是談判中的常態，越是重大的合作就越容易爭吵，而且經歷了漫長的拉鋸，不談個筋疲力盡是很難有結果的。所以一個真正的談判高手從來不受這些因素的限制，他們只關注最終目的，能夠清醒地掌控節奏，極少迷失在情緒化的爭執中。

邱吉爾擔任英國首相時曾發生一起「喝酒事件」，他喝多了。阿斯特夫人走到他面前說：「溫斯頓，你又喝醉了，這很惹人厭！」邱吉爾知道自己不能直接反駁，否則就會陷入爭執。他說：「我的確喝醉了，您說得沒錯。但我次日清晨就會醒來，而您卻會一直惹人厭。」言外之意，我喝多了只讓人厭惡一天，而你被厭惡的時間卻是永遠。一個能如此說話的人顯然沒有喝醉。邱吉爾深諳談判之道，也懂得如何用巧妙而犀利的語言還擊別人，終結可能爆發的爭吵。

假如你開始厭倦爭吵，你可能轉而主動攻擊對方。你不停地拍桌子，表情扭曲，眼睛充血；你不斷地說對方是錯的，堅持自己才是對的；你希望對方立刻無條件同意你的條件，馬上在協議上簽名……那麼爭吵不會停止，這場談判最終會不歡而散。你們用最直接的語言爭得臉紅脖子粗，甚至可能成為敵人，皆因你們未能逆向思考一下引發爭執的原因，冷靜地處理雙方最關注的內容。

第一，先部分同意，再部分反駁。碰到態度強硬的對手時，我倡導採用「先同意部分，再反駁部分」的策略。耐心等待爭吵的發生，然後觀察和傾聽。我建議你先挑選其中你能夠同意的內容予以贊同，然後反駁你不想同意的部分。這就好比先給對方塞一顆糖，再打他一巴掌。這不會把局面搞僵，而且有可能引導對方理性地考慮這些有爭議的問題 —— 提醒他想一想應該同意你的哪些要求。

第二，退而求其次，實現次佳目標或基本目標。假如爭吵越來越激烈，你的主要訴求得不到滿足，那麼不妨退後一步，努力實現次佳目標或基本目標。談判是為了贏取可以接受的利益，不是為了兩敗俱傷，對方也應該明白這個道理。

問題 6：假如對方就是不合作，可否採取威脅或恫嚇手段？

某企業家惱怒地說：「我不怕吵架，就怕遇到油鹽不進的。不管我如何利誘，怎樣勸說，他全當沒聽見，文風不動，這種人最難談。是不是他們敬酒不吃吃罰酒，非得來硬的才奏效？」

當我們對客戶抱有期待而對方卻不好溝通時，比如跟你冷戰，這時我們面臨的選擇空間就極為狹小。俗話說得好，不怕上來就吵，就怕你一說他就跑。前者有很大的談判空間，後者你很難拿出吸引他的東西。與此同時，我們可能丟不得這筆生意，可能非得拿下這個人不可，坐下來談是唯一的選擇。而他深知這一點，因此有本錢採取這種態度。就是說，拋開客戶存有戒心的因素，你負擔不起失敗的代價，針鋒相對會讓生意泡湯，而投降則讓你丟掉利潤。那麼使用恫嚇（壓迫性的手段）就能解決問題了嗎？

我的建議是，繼續觀察和嘗試一下 —— 恫嚇實際上是一種「計劃放棄談判」的手段，不過是最後一搏而已。談判最核心的原則始終是規劃一條你和對手能夠雙贏的道路。如果他看不見，你就要引導他；如果他視而不見，你也要做到讓他聽得進去，然後讓他給你一個答覆。

第一，當對方不理睬時，你要有替代方案。我們一定要在做出具體的讓步之前為合作準備盡可能多的「可替代方案」，這個可替代方案不包括恫嚇。你的替代方案越多，意味著對方拒絕回應或無論如何也不合作的可能越少，你的優勢也就越大。這意味著他必須對你提供的某一個方案給予回應。我們也要想辦法在他的競爭對手（如果有）那裡得到報價並讓他知道這件事，這樣能增加他的談判難度，迫使他主動回應你，扭轉談判局勢。

第二，只講目標，別講對錯。「大人只講利弊，小孩才講是非」，我不是很同意這句話，但這句話在談判中卻很適用。換句話說，不要糾結於談判過程中的細節 —— 矛盾、衝突、情緒刺激、非道德手段甚至辱罵等。這些無須在意，別生氣，也不要跟對方論「孰是孰非」，你只需緊盯目標。因為在談判桌上，對手會使出各種招數來擾亂你、刺激你，甚至逼你發怒。如果你威脅、恫嚇他，那一瞬間可能你就輸了。

問題 7：當面臨時間壓力時，如何快速破冰實現談判目的？

你的時間非常緊張，以分鐘甚至以秒計算，對方卻悠然自得，毫無時間壓力。這種時候你如何推進談判，讓目的快速達成？

在所有的被動局面中，「缺乏時間」製造的難度最大。時間在我們控制不了的因素中位居榜首，尤其是對方手握比你更為充裕的時間優勢時，談判者內心的焦慮、恐懼是往常的十倍。在時間壓力下，這時談判者很容易在關鍵條件上妥協，答應對方的不合理要求。時間壓力是談判時的一張王牌。

我能給你的最有效的建議是，針對這一局面做好充足的「預設策略」。例如，我在 FBI 國家學院時推出了一項「談判前夜」的模擬訓練。談判前 4 ～ 8 個小時，小組成員要召開最後一次集體會議，更新資訊和策略。

第一：重新計算談判時間（我們有多少時間）。

第二：新的變化對談判計畫的影響（是否需要調整策略）。

第三：修訂後備計畫（預設策略）。

該訓練充分考慮到了時間要素，比如要根據新的情況修訂計畫，改進預設策略。假如時間壓力驟然增加，預設策略

中就應該有一個針對性的方案，幫助談判者擺脫「自己心急如焚、對方卻怡然自得」的困境。談判一方（擁有時間優勢的一方）會單方面地認為另一方不得不接受某個條件，這種現實與心理的雙重優勢通常會為他帶來巨大的收益 —— 如果你沒有一個後備計畫，此時便進退兩難。

如何用預設策略扭轉局面？

例如，對方公司可能會在給你結算的最後一天在支票上扣掉 3 個百分點，並且告訴你：「我們對供應商一視同仁，除非你們能同意多給一點折扣，我想你應該會同意的。」這種無賴式手法之所以經常奏效，是因為他巧妙利用了時間壓力。你僅有當日一天（不足 8 小時）的考慮時間，否則你可能無法如期收回款項（業績受損）。對方一點也不著急，但你可以這樣回應：「我原則上理解和同意您的請求，這樣能維持我們良好的合作關係；我希望明日即展開價格談判，我也會說服公司的決策者。但如果我今日無法按合約金額確認您的款項，價格談判便不能由我掌握了。」把時間劃分成不同的區間，避免被對手用兩件不相干的事情綁架，這樣才能從容地展開後續的談判。

問題 8：假如對方的談判人員有問題，我如何拒絕談判？

如果談判對手或對方談判團隊中某個成員曾經有過信用不良或口碑極差，在信用體系缺失、無法保障我方利益的情況下，我如何與之談判並何時拒絕談判？

這類事情的討論應該要在重要談判之前完成，它屬於資訊準備和資料收集的環節 —— 對方是什麼公司？對方公司和個人有沒有不良紀錄，口碑如何？這些資訊將決定你怎樣制訂談判計畫，在展開談判、達成目的、撤出等環節都擬好相應的策略，而不是等見了面才突然意識到對方是一個不講誠信的傢伙。

第一，對不誠信的公司，要斷然拒絕談判。商業合作中最麻煩的不是「不良個人」，而是「不良組織」。如果是對方的整個公司都有不良紀錄，那麼這場談判就不應該開始。最好的做法是設立「合作黑名單」，定期調查、研究潛在的合作夥伴，把有汙點的組織加入名單，拒絕與他們的任何談判、磋商。

第二，對不誠信的個人，要求對方必須更換人員。如果發現對手的談判團隊中的某名（些）成員有不良紀錄，不能睜一隻眼閉一隻眼，要第一時間書面提出並鄭重要求對方更換人員。這不僅有利於談判與合作，也有利於對方的長遠利益。大

多數情況下，對方會立刻換人並將之清理出自己的公司。

從談判中，我們能看到談判的對手有什麼樣的價值觀、性格、處理問題的思路、做人做事的優缺點。不要跟「有問題」的人談判，更不要跟他們合作，這是商業合作的鐵律之一。

問題 9：發現被談判對手利用，應該如何應對？

談判桌上風雲莫測，你不知道對方的底牌，也很難清楚對方的真實目的。有時談判會被作為一種牽制其他對手的工具（壓價），而你就成了桌上的籌碼，雖然努力在談卻避免不了被利用的局面。這種情況應該怎麼辦？

第一，被利用也是一次機遇，因為即使「被利用」也是可以收費的。談判中被人利用並不可怕，可怕的是你被利用了卻懵懂無知，未能從中得到好處。即使知道要收費，也不知道收多少合適。比如，對手拿跟你的談判向第三方施壓，目的是與第三方達成合作，你如何在這場談判中最大限度地獲取利益呢？即便不能成為合作中的一分子，也要盡可能利用談判提高自己的身價，拓寬未來的空間。

第二，知彼知己，不打無準備之戰。我希望所有的人都記住一句話：「優秀的準備勝過天才的應變。」準備工作越充足，就越能更好地應付各種不利局面。在談判準備的過程

中，在對自身情況做全面分析的同時，也要設法全面了解談判對手的情況 —— 他的真實動機。他為什麼跟我談？有沒有其他潛在的合作方？他看中了我哪一點？如果我在這場交易中注定「陪跑」，怎樣才能從中謀取一個相對有利的位置？透過可行性研究來制定自己的替代策略，當最壞的局面出現時，就能夠按部就班地使用這些策略。

問題 10：失敗的談判是難免的，我們應該如何從中吸取有益的經驗？

失敗是常事，成功才是偶然的。大部分人十談九輸，少部分人十談六輸，極少數人可以做到贏下至少一半的談判。怎樣在失敗中提升和修煉自己的談判技能，為成功做好充足的準備？

第一，透過不斷盤點來形成適合自己的正確風格。策略的背後是信心，信心的背後是不斷盤點和調整所形成的正確風格。就像投資交易一樣，談判也需要形成一個適合自己的邏輯系統。當你找到了自己的風格，失敗就離你越來越遠了。

第二，在失敗中加強和放大自己的勇氣。在任何談判現場，勇氣都是不可或缺的，特別是狹路相逢時，智勇雙全的人才能取勝。面對面的談判既比智慧，也比氣場。誰的內心更強大，誰就有可能笑到最後。所以你問我失敗能帶來什

麼？我的回答是：「無論多麼慘痛的失敗，如果你能從中收獲勇氣，這樣的失敗就是有價值的。」

　　第三，在漫長的嘗試和實戰中累積「確定感」。在本書的最後，我希望人們了解一下「確定感」這個詞。「確定感」是針對經歷了漫長實戰後所累積出來的閱歷、經驗和方法的自信：「我相信它可以，而且它一定可以！」不光是信心層面的確定，同時也是結果層面的驗證。失敗會為我們帶來這種確定感，就看你能否在談判中抓取到它創造出來的智慧的火花，並且應用到自己未來的談判工作乃至人生的其他事項中。

後記　學習談判的關鍵技巧

透過本書你已經了解到，談判在 FBI 的偵訊和破案過程中有著不可替代的作用。我們在書中全面解讀了 FBI 專業談判人員的對話技巧，展示他們向來不為人知的洞察人性、駕馭局面和從高智商罪犯身上取得理想結果的能力。從這種能力中我們學到如何反其道而行、如何多方思考、收集關鍵資訊、捕捉對手稍縱即逝的弱點、制定正確的策略，以及發動致命一擊。

優秀的談判人員為什麼能在敵對狀態下輕而易舉地達到目標？答案正像書中為讀者總結出來的：卓越而富有針對性的談判能力。當你覺察、學習並且掌握了這種能力，不管面對什麼樣的對手，談判都會變得自然、簡單和毫不費力！這就是我們為何需要學習談判的原因 —— 你會成為一名心理學大師，會擁有居高臨下穿透多重屏障的力量，會預知和排除障礙，會輕易地看穿那些經過包裝的伎倆！

我知道，所有人都希望擁有這種神奇的能力，即便是對本書風格不甚感興趣的讀者。你不一定喜歡本書，但一定想擁有強大的談判能力。無論你是企業中的談判官，還是行政部門管理者，抑或暫居低位而蟄伏的心懷大志者。因為這種能力能幫你遊刃有餘地應對各種人際互動。

後記

　　假如你想擁有這種能力，現在是採取行動的時候了。

學習談判的關鍵技巧，可以為我們帶來什麼？

　　當你透過談判從供應商那裡節省了一元的採購成本，便直接增加了一元的淨收益。以此為基礎，如能增加一元的銷售價（與購買商談判），加起來便是兩元的淨收益。與粗暴地上調售價相比，談判以柔和、雙贏的方式為你帶來了兩塊錢的利潤。除去談判成本，無需額外付費，你的純利潤便大大提升了。

　　假如你每個季度銷售一千萬件某產品，談判可在不需要增加銷售成本任何一分錢的前提下，就能多創造兩千萬元的淨利潤。假如你能擴大生產規模，順便改善一下談判策略，建立談判團隊，這個數字將以十倍的速度增長。

　　除此之外，談判也讓我們更了解自己和對手，重要的是可以站在對手的角度，抽絲剝繭地剖析自己。這是一個獲取實質收益的過程，也是讓自己不斷變強的必要環節。因為提高談判能力可以促進自身各方面的成熟和成長。當你從不諳談判變得開始精通討價還價時，你對這個世界的理解也將逐漸清晰和理性起來，除了商業決策、管理、人際交往之外，

經營自己的生活時也將更加富有成效。

如何讓本書的內容在實踐中快速見效？

如果人生中的一切全憑談判所得，這是你想要的嗎？在闔上本書前靜心冥想，並深思此問。我們閱讀過的所有書籍都要經歷現實的檢驗，沒有哪一種知識是不經內化便即學即用的，但我可以幫你將本書中講的一些技能快速地應用到實踐中。

第一步——發現你的應用領域。學習談判，你是為了讓生意更上一層樓，提高銷售業績，賺取超倍利潤，還是應徵、策略性簽約、經營人際關係，或是達成令人羨慕的財務自由？你是想成為企業中談判力卓越的領導者，還是有難以抵禦的說服力的專職談判專家，或是希望自己在各個領域散發出決定性的影響力？先發現這個領域，再鎖定它。

第二步——在實戰中檢驗本書的策略。你需要在讀到的知識、技能和自己的實際需求之間搭起一座橋。凡是不能從理論轉化為可行方案的知識都不過是紙上談兵，凡是經不起實戰考驗的技能也都是分文不值的。透過實踐，深入理解本書提到的理論知識，不要盲目地照抄照搬，當然也不要懷疑一切，著重於汲取有利實戰的知識。

請現在開始！

後記 ————————————

附錄　破冰談判鐵律

1. 談判的方向感比力量重要

　　你準備充足，卻不知為何而來；你學富五車，卻不知該應用在哪裡；別懷疑，有這兩種困惑的聰明人不在少數。我經常看到一些勝券在握的人莫名其妙地失利敗北，他們明明全面占據主導權，卻突然忘了自己的初衷。我也發現有些人做事時總是與既定方針背道而馳，最後拿回一個不倫不類的結果。某些時候，方向感比努力重要。在所有領域的競爭中，只有目標堅定的人才能笑到最後。

2. 明確談判的目標

　　明確談判的目標非常重要，最好的談判是大家都達到了目標，問題是如何在雙方的目標之間找到一個合理的區間，使雙方的需求能夠同時被滿足。在最佳目標和次佳目標之間，我們得設置足夠的彈性。必要時也可以退一步，維持一個能完成任務的基本目標。

3. 實力可以帶來優勢

　　實力強的人隨時能想出 30 種或 60 種談判方法，這是由實力決定的。實力可以帶來優勢，讓你無須憂慮談判的技巧問題，只需擺出強硬的態度就可以碾壓大部分的對手。

4. 強弱是相對的，隨時會易位

再弱小，你也有最獨特的優勢。運用一些獨特的手段，可以將自己的「影響力」最大化並釋放出去，使我們看起來和對手一樣強大。優勢和劣勢不是一成不變的，而是相對變化的。強弱之分也是如此，人和人的強弱在不同的情境下隨時轉變，企業競爭時也會根據客戶具體的需求而「強弱易位」。沒有誰會永遠占據優勢，也沒有誰永遠是弱者。

5. 收集對方的劣勢所在，尋找突破口

研究競爭對手的情況是一項很重要的工作 —— 尤其是對方的弱點、負面消息等。任何不利談判的資訊都能拿來大作文章，前提是你獲得了真實的資訊，並確認是對方的劣勢所在，而非刻意營造出來的具欺騙性的假象。

6. 視野決定成敗

決定你的商業成敗乃至人生成敗的最強大力量，從來不是知識的儲備、技術的高低，而是視野。你看到的是你的上限 —— 你會因何成功，你沒看到的是你的下限 —— 你會因何失敗。視野的寬窄影響到談判的各個方面，大到策略的制定，小到細節的掌握，對人的心態、思維和價值標準也是一種決定性的因素。

7. 獲取資訊不對等優勢

當你擁有了資訊的不對等優勢，談判對象便不知道你了解他多少，你有什麼底牌，你接下來如何出招。你看他像在看 X 光片，他看你則像看一堵厚厚的牆。

8. 破冰必須有針對性計畫

很多時候你會發現自己提前做好的各種準備工作在實戰中大部分派不上用場，這充分說明了談判是一項艱巨和充滿挑戰性的任務。不過，就我們在生活和工作中遇到的絕大多數談判來說，有針對性的計畫仍然是解決最終問題的工具。至少它是效率最高的。如果你選擇了一個不合時宜的計畫，即便有正確的策略和基調也不能取得預想的效果。

9. 你能不能控制局面，決定了最終的結果

談判是兩方或者多方希望透過協商解決某種衝突、實現某種合作的過程。很多領域需要談判，警察和犯人、公司與工會、企業與客戶、創業者與風投公司、產品的購買方與銷售方等等。所有類型的談判都具有相同的本質 —— 你能否成為一個贏家而不是輸家。贏或輸既取決於你的談判技巧又取決於你控制局面的能力。掌握主導權的人能控制住整個局面，只有成為控制局面的人才能夠引導談判朝利於自己的方向發展。

附錄

10. 選擇過多未必是一種優勢，它可能使你產生偏見或優柔寡斷

在傳統的談判理論看來，人擁有的選擇越多，就越容易得到自己想要的。不管是為了薪資、專案合作或情感而談判，有選擇都是一種優勢。但據我們的研究，這方法並非總能幫到你，也不是時時有效。我們在 FBI 與高德調查公司中做了大量的實驗，有充分的證據顯示 —— 帶著多個選項進入談判會使一個人的決策產生偏見或有優柔寡斷的傾向，甚至會損害自己的協商能力。

11. 個性不同，結果不同

作為談判從業者，你必須是這個領域內的專家，要掌握談判所涉及的專業知識、心理學技能、數據統計和挖掘能力。毫不避諱地說，你對他人隱私的偷取能力也是談判技能的一部分。談判者的個性在其中影響巨大，你是一個愛發脾氣、性情衝動的人，還是一個溫和淡定、喜怒不形於色的人，這些因素綜合起來決定了你的實力。

12. 沒有公平的規則

沒有哪個地方的規則是讓人有選擇權的，你可以選擇一條路線，但改變不了事物最終的走向，談判桌上的規則何嘗不是如此。如果你奢求一個公平的規則保證你的權益，那我只能說，這個夢想比蒙著眼睛的嫌犯盼望下一分鐘睜開雙眼就可以看見藍天白雲還要難實現。

13 善用沉錨效應

人的行為始終是思想的奴隸，思想的形成則有賴於人的所見所聞。沉錨效應闡述了人的第一印象和接收到的第一手資訊在大腦處理系統中是如何影響決策的，它對人的判斷力享有影響力加權。所以從理論上來講，這一效應在哪都能用，就像空氣一樣，它廣泛存在於人的思考、行為模式的各個方面。

14. 再大的分歧，也要給對方一絲希望

談判的時候你必須給對方一絲希望，讓他覺得聊一聊總比什麼都不說好，並且一直操縱著這個希望，要為他留一條後路，讓他有臺階可下，「只要答應我的條件」，這就是開門；他激動時，我冷靜地聽他講話，這也是開門，我給他一個情緒的出口，我願意理解他的立場，傾聽他的不合理要求。與此同時，我利用法律、制度堅守必要的立場，告訴他什麼條件不能滿足，這是關門；我製造時間壓力及通知他最後期限，要求他儘快做決定，這也是關門。在這一開一關之間，我便控制了整個局面，也能逐漸和他產生共識。

15. 掌握說「不」的主導權

談判桌上的權力首先來自於拒絕，也就是要掌控說「不」的優先權。使用這個技巧需要注意的是，談判的最終目標是讓對方說「是」，但不能一開始就把它作為目標，不要直白地要求對手答應你的條件，這只能引起他的反彈。其

次，說「不」會讓人感到安全和體驗到控制力，因此要盡量促使對方說「不」—— 先允許他否定一個要求，對讓他肯定下一個要求大有幫助。最後，當你的談判對手始終不肯邁出關鍵一步時，果斷地用一個簡潔明了的「不」拒絕他的主要訴求，這個步驟可以暗示他，如不同意你的關鍵條件，你將要退出談判了。

16. 別生氣，更不要激怒對手

談判桌另一側的人不是你的敵人，但當分歧嚴重時他們可能會敵視你，攻擊性十足。精明而有自制力的談判人員對這種情況具有敏銳的觀察力，小心地調整情緒，避免激怒對手。他們在談話中對別人自相矛盾和挑釁的言論有極大的忍耐力，懂得恰當地表述自己的意見，堅韌地維持底線。剛柔並濟的態度在長時間的談判中可以展現出強大的控制力，你要成為這樣一種不生氣、理性平靜的人。

17. 偶爾使用辯論戰術

面對特殊的話題或者特殊的對手時，不需要費心組織理性的言語再攻擊，一些簡便而又犀利的對話方式便可以讓你出其不意地懾服對手。談判不是辯論，但我們能使用專攻弱點的辯論戰術先聲奪人，控制局面和擊碎對方的意志力。

18. 利用對手內心柔軟的一面

女性談判者的眼淚、形象、柔和的態度可以在一定程度上軟化對方的強硬立場，為己方爭取時間。在實踐中，有大量的以此博取對方同情而達到談判目的的案例。這不是教你諂媚和討好對方，是教你要懂得利用對手內心深處柔軟的一面。因此在世界級企業的談判團隊中，總會有能力出眾的女性成員，她們善於利用對手的情感弱點幫助己方獲取優勢。

19. 不要直接威脅，要充滿服務精神地施壓

要讓威脅產生效果，就盡量不要直接講。這不是一個普適性（什麼時候均可）的原則，但在 99% 的談判中有效。我對這一原則的另一種解釋是：充滿服務精神地施壓。

20. 選擇最利於己方的談判時間

你懂得如何安排一個最利於己方談判的時間嗎？你明白一天的 24 小時分別代表什麼意義嗎？清楚不同的時段對人的影響嗎？你是喜歡早晨還是下午？你把商談重要合約的時間是定在中午還是黃昏？你考慮過對方從飯店趕往會場的時間嗎？時間安排是非常重要的環節，很倉促的話就會準備不足，匆忙上陣，在心浮氣躁中無法從容有序地實現既定的策略；而如果時間被拉得很長，又會耗費大量的精力，降低談判的單位時間效率 —— 產出低，閒扯的機率增加 —— 而且

附錄

隨著時間推遲，你也給了對手思考與應變的機會，各種環境因素都有可能隨之發生變化。

21. 從賽局理論的角度研究對手

賽局理論是人「研究世界的一種工具」，不僅如此，還能研究人與人之間是如何合作、競爭的，並研究人的行為方式的產生、轉變、傳播和穩定。對於談判者而言，沒有什麼資訊是比對手的行為方式與思考模式更寶貴的了，你能對此有更強的洞察力。可以這麼說：要想透過談判贏得生意，你不可不從賽局理論中尋找理性；要想戰勝那些狡猾的對手，從談判中保障自己的權益，也要了解和提升自己的談判技能。

22. 學會對付卑鄙的對手

為了達成目的，許多對手在談判中會經常使用某些卑鄙的招數，比如拖延時間、毫無同情心、利用你的困境壓價、粗暴打斷你的發言，或發表長篇大論以此來迷惑、擾亂你的陣腳。這些行為儘管讓人噁心，但充其量不過是一種骯髒的伎倆。我們有很多方法可以反擊並從中取得成果。

23. 光明正大地反擊對手

當對方為了破壞你的判斷力而對你進行人身攻擊，試圖激怒你時，你冷靜地指出對方的目的不但能讓這種伎倆失效，還能削弱對方的公信力。卑鄙的伎倆一經公開，便不能

再造成傷害，對方的努力也就白費了。光明正大的反擊也能讓對方擔心惹惱你而不敢再有類似的行為。

24. 嚴格地區分「人」和「事」

必須將「人」和「事」嚴格地區分開來。不能因為對方是個使用不正當手段的傢伙，你就有樣學樣也不擇手段地反擊。如果對方繼續回擊，並產生更強烈的反抗情緒，你就更難避免使用這些陰謀詭計了。你將變得和對方一樣，成為自己最討厭的人。

25. 避免自己成為依賴談判對手的人

別讓對方覺得你沒有其他選擇。假如對方認為你沒有他就不行，他對你的計畫十分重要，他就一定會提出各種苛刻的條件以便在合作中得到最大的利益。他也有可能透過當眾羞辱你，來突顯他的這種重要性，對此不用感到沮喪，在談判中難免會遇到這種人。要避免這種情況發生，就要讓自己有其他選擇且讓對方了解到這一點。不要過分依賴任何人，要讓對方覺得你的資源優勢是他所沒有的，他連開口提要求的資格都沒有，這樣才能從根本上避免對方的要挾。

26. 把總是提出無理要求的人列進黑名單

當實在沒法溝通時 —— 比如對方得寸進尺、不知滿足，且總是要挾你，那麼你唯一的選擇就是不再跟這類人談判和

合作，把他列入黑名單，從此封鎖。現在做任何事情的基礎都是互利互惠，如果對方總想從合作中賺走每一個銅板，那就沒必要去談了。

27. 要放棄立場之爭，從原則、願景和利益的層面尋求共識

注重原則而不是立場。不要加入一場對峙的、注定雙輸的「立場戰爭」。尋求原則、願景、利益的磨合的方法極具影響力，為每一個領域內的合作指明了成功的方向。只要你願意放棄立場之爭，就能與原先不合作的談判對象共同打開一扇新的溝通之門。

28. 讓步也需要理性和科學分析

讓步幅度的設定必須有一定的合理性和科學性，不能信口開河和由著心情說，要建立在對實際情況進行調查和研究分析的基礎上，也要符合自身長期的利益需求。如果不經理性分析就制定出一個過高的上限或者過低的下限，那麼會對談判造成不利影響，前者會使談判出現衝突，後者會讓自己的利益遭受重大損失。

29. 永遠不要接受第一次的出價

一個人最終向外界傳達他的內心想法之前總會經歷一段「心理組織期」，這期間人的思維、行為乃至表情管理是需要我們防備誤判的時候。比如，我們聽到的第一次出價就不用

放在心上，第一次的出價既是試探，同時也是對方在「心理組織期」的自我計畫，他未必沒考慮過這個價格，但他並不想，也不會選擇這個價格。

30. 別熱情，別天真

你不能太心急，不能太天真，不能表現得對交易太狂熱，那會被人利用。

31. 所有未簽名和未兌現的承諾都是假的

在沒有白紙黑字地寫下名字、蓋上印章之前，所有的承諾都是虛假的，都有可能被一個臨時的變化而打斷，或者說，承諾本身就是談判陷阱的一種 —— 它可能是為了誘導你做出一個相應的承諾並且率先兌現，並在事態無法挽回後又追加對對方有利的條件，使對方的目標得以實現。

32. 必要的時候裝傻

在談判中裝傻的一個好處就是，可以消除部分對方心中的競爭心理。人們不太可能挑釁和貶低一個向自己徵求意見的人，儘管明知這是假裝出來的，也不可能攻擊一個謙虛、低調和請求指導的人。人們對弱者不一定會有同情心，但大部分人也不會有仗勢欺人的舉動。

33. 分辨虛假承諾，避免受騙式讓步

有數據顯示，86%的第一次出價都帶有試探意味，隨之做出的承諾也多數不切實際，你大可將之視為一句廢話。這是因為他們根本不會兌現，除非你完全同意某些較為「屈辱」的條件，比如漫長的票期、隨叫隨到的售後服務等。這些統稱為「虛假承諾」，透過不符行情的出價行為或者假意給予你一些優惠來誘導你讓步，從而控制談判的過程。

34. 警惕對方的熱情

沒有無緣無故的愛，也沒有無緣無故的恨。一般來說，當對方突然表現得過分熱情時，你要預想到他一定打算提出某種要求（請求），而且很可能會讓你承擔損失和風險。你要在心裡打上一個問號：「他到底想做什麼呢？」「他有什麼動機？」「我是不是應該啟動防禦機制？」這是談判中的基本素養，不僅對陌生的對象要這樣防備，對熟悉的合作方也應如此。

35. 未經確認的任何資訊都應視為「假消息」

永遠不要急於回應未經確認的資訊。凡是在即將做決定時，對突然出現的資訊均不予理會，至少未經確認前不要急於回應。毫無疑問，在談判過程中我們絕不能僅憑對方告訴你的資訊臨場判斷，這是一條鐵律，否則你將處於非常不利的境地。

36. 讓對方在談判開始前便提供問題清單

　　讓對方列出他們所有的問題（談判開始前提供問題清單），我們能成功地限定他們在談判過程中的問題範圍，並對這些有爭議的部分提前做好準備，制訂談判方案。但根據我多年的經驗，如果你想要摸透對方的心理，識破他們的陰謀，最好的辦法不是被動應戰，而是主動出擊審問和質詢你所關心的話題，化被動為主動。從談判的第一分鐘起，就要讓時間成為我們的武器，而不是對方手中的資源。

37. 讓對方把話一次說清楚

　　我們的目標是成為支配者，有權力要求別人把話說清楚，而且要一次說清楚，別浪費時間。比如說，投資公司可能會告訴融資者：「我們的風控委員會有可能要求你提供一份財務擔保，這是一個障礙。」那麼是「可能」還是「一定」呢？是能解決還是不能解決呢？這種模糊的表態其實是一種威懾行為，投資公司欲借此提高價碼 —— 減少投資額或增加附加條件以控制融資者。這時你不能猶豫，應該立刻問對方：「您對這個可能性是怎麼看的？請明確告訴我！」假如他不回答，便中止談判，直到他回答為止。

38. 情緒可以武裝自己，打擊對手

情緒對於談判和爭端的解決有著不可或缺的作用，它是一種需要我們理解、學習、疏導，以及靈活地武裝自己、打擊對手的武器。善用情緒的人處理敏感問題時更得心應手，也擅長向對方施加額外的壓力。

39. 將負面情緒作為強而有力的談判工具

談判高手對自我情緒的駕馭能力和對他人的同理心的水準之高是無與倫比的，其中也包括他們利用消極和負面情緒的能力。我向來認為，能將負面情緒作為談判工具的人才稱得上是一位出色的談判者，這也是贏得談判必不可少的能力。

40. 善用憤怒，使對方犯錯

那些善用憤怒駕馭大場面的人是天生的談判家。他們對談判的不可預知性早有先見之明且心態從容，可以敏銳地感受到對方的情緒並且靈活應變。

41. 大多數情況下，冷漠比熱情有用

一個人無法做到既能心靜如水又能精神飽滿，也不可能做到在保持耐心的情況下主動出擊，至少多數人都是這樣的。面對擺在檯面上的衝突，冷漠比熱情有用。所以我通常在形勢超出控制時，優先選擇離開談判桌，而不是坐在那裡

據理力爭；我也不會忍氣吞聲和委曲求全。因為我是談判桌上的實用主義者，如果前景不明朗，我寧可暴露自己的負面情緒，讓對方清楚地感覺到我有多麼厭惡眼下的局面。

42. 為自己準備一個「調整時間」

每當我在激烈的辯論中隱隱感覺自己開始出現焦慮或者不滿的情緒時，便本能地深呼吸，立刻進入我的「調整時間」。我不會馬上反駁對手的威脅，而是邀請他一起調整情緒：「需要出去散步嗎？」在我十五年的職業生涯中，有數千起談判是在衝突過後的散步中完成的。我會和對方的負責人一起去走廊站一站，到人工湖中央的涼亭裡坐一坐，欣賞景色，品嚐清茶，聊一聊家長裡短。別指望對方會無條件妥協，但這對平緩情緒是一個有效的辦法。

43. 既要戰勝對手，也要戰勝你自己

談判是一場人和人的賽局，每一場賽局都由兩部分組成，即外在賽局和內在賽局。外在賽局是我們與對手的較量，針對對方設置的障礙見招拆招，解決分歧、團結合作，一起實現既定目標；內在賽局則發生在談判人員的頭腦裡面，是我們與自身的較量，要克服可能阻礙成功的一切思維和習慣。

44. 只需傳達 70%的善意

真正為對方著想，只需要拿出 70%的善意。我對一個人再好，也會留出 30%給自己，不會對他付出全部，在對方看來這叫理性。理性的善意才讓人放心，毫無保留的善意即使沒有陷阱別人也不敢接受。你要真正地為對方著想，就得設身處地為對方考慮，不要為了真誠而真誠。

45. 捨得付出，但要提高合作夥伴的門檻

優秀的企業家在選擇合作夥伴時並不吝嗇於所付出的報酬，他們比一般企業家更願意讓自己的合作夥伴從專案中獲得更大的收益，所以他們捨得給錢給權，比如在股權的設置、價格的擬定上都比較大方。但與此同時，優秀企業家對合作夥伴的條件要求也是很高的，會追求「門當戶對」，在各個方面都有比較高的門檻，這保證了雙方合作的品質。

46. 最有效破冰的辦法，就是展現你解決問題的能力

想要取得對方信任，最有效和徹底的辦法，就是展示出你解決問題的能力。在談判中，我們不僅要有讓人滿意的合作計畫，還要有充足的替代方案，以保證不論出現什麼意外，合作都能順利完成。

47. 掌握對話的主導權是一條鐵律

談判中永遠不要讓對方掌握對話的主導權。這是一條鐵律，是應盡一切努力達成的目標，因為對話由誰主導，誰就占據了談判的優勢。所以要爭取去引導對方的思路，讓對方順從於你的思維模式，但與此同時你在自己的語境中要表現出對於對方利益的關切，使對方放心地順從你的思路。

48. 如果必須讓步，那就留到最後時刻

雙方在談判時所做出的 80％ 的讓步都是在最後 20％ 的時間內完成的，甚至是在最後五分鐘，這就是談判桌上的 80/20 法則。在談判初期，大家不太會做出任何讓步，都在堅持自己的原則，力求讓對方退讓。即便你在一開始談判時便提出了全部的要求，對方也基本很少做出讓步，反而會準備好各種方案來對付你。只有在最後 20％ 的談判時間中提出要求時，由於快到結束時間，迫於時間壓力，對方往往更容易做出實質性的讓步。

49. 假如無法打破僵局，就「離開談判桌」

在談判的過程中，以「離開談判桌」的手段進行要挾是最有力的談判技巧之一，不過應用這一技巧的前提是，那就是對方非你不可，是他離不開你，而非你離不開他。同時也一定要謹記，當你告訴對方你要離開時，語氣必須是溫和

的，態度必須是良好的。記住，你的目的只是讓他明白你有終止談判的力量，最好是你有這個計畫，但可以不去實施。

50. 回顧談判是必要的步驟

在每一次談判結束之後，我們都需要對團隊的表現進行分析、總結和評估，尤其是思考我們的談判行為及過程，反思哪些地方出了錯誤，總結哪些地方出現新的經驗，為之後的工作修正方向，提供參考。對參與談判的團隊成員，也要進行績效總結和評估，這能對他們的行為產生一定的控管作用。

51. 別因對手的挑釁而失控

談判過程中我們總是很容易被對方的行為（挑釁、激怒等等）影響，無法集中精力思考當前的問題。在談判的僵持階段，精明的對手一定會這麼做，他想看到你失控的樣子，抓住你的弱點給你致命一擊。但是優秀的談判專家從來不會因為對方的一些挑釁行為而舉止失措、勃然大怒或者憤然離席。他當然可能終止談判，但只是作為一種談判技巧使用。

52. 要解決衝突，不要製造衝突

將衝突搬上檯面和激烈化是典型的自找麻煩的舉動，你坐下來談就是為了激怒對手然後獲得心理上的滿足嗎？那一瞬間可能很爽快，但問題不但解決不了，反而加劇了，甚至

變得不可化解。在對抗性談判中，就連爭議極小的條款也談不下來，磋商止步不前，雙方沒有勝利者。記住，談判的目的是解決衝突，不是製造衝突。

53. 找出對方的破綻

為了讓對方沒有藉口繼續拖延，我們必須仔細找出對手的破綻，看他是否會在問題的處理上留下一些紕漏。談判中的隱形阻礙很多，要搬開這些阻礙就得抓住對手的弱點——他能經得起時間的消耗嗎？他的現金流充足嗎？他拒絕這次與你的合作之後是否有其他的合作管道？只要有一項的回答是否定的，他的拖延戰術便是暫時的，很難持久。要懂得收集情報和分析此類問題，才能從中找到突破的機會，打破談判僵局。

54. 盡可能收集細節資訊

在爭議發生前，收集盡可能多的資訊是無比重要的。我喜歡那些在資訊收集的工作上盡心盡力的人，因為他們能為一件事做到 120 分的準備，不放棄每一個細節。與這樣的人溝通，你不存在盲點；身邊有這樣的同事，你能無往不利，想讓對手改變自己的立場並同意你的觀點，這樣做難度將大為降低。要說服對手，避免爭論，先從收集資訊開始！

55. 可以讓步，但必須有對等回報

當面臨無止境的僵局而需要做出改變時，特別是對方提出了一些要求你讓步的條件，你應該索取相應的回報，否則寧可談判破裂，也絕對不做出任何妥協。這一原則就是交換——想得到什麼，就得拿價值匹配的東西過來購買。

56. 與 EQ 高的人妥協，對 EQ 低的人強硬

策略因人而異。也就是說，雙方皆能開心而歸，得償所願，才是我們與人談判的最終目的。EQ 高的人不用提醒就具有這種妥協意識，EQ 低的人提醒一萬遍，他們也有一萬種方法把談判搞砸。

57. 大膽提出一個很高的要價，為讓步爭取空間

你的要價有多高，合理讓步的空間就有多大。在需要你退步時，才不至於進退失據，因承擔不起損失而放棄良好的機遇。

58. 始終遵守「雙方共強」的原則

談判不是軍事作戰，是尋求合作；談判不是你死我活，是你活我強，也是你我共強。雙方都要認清這一點，這是達成共識、化損失為機遇的基礎。不論是加薪談判、商業協商，還是婚姻溝通、案件偵訊、情報交流，這個原則始終起著主導作用。我們要把注意力的焦點從「打倒對方」轉移到

「成就彼此」，從「擴大對方的損失」過渡到「增加共同獲利的空間」。

59. 對自己要有合理定位

當別人不把你當一回事時，你要重視自己的價值；當別人非常重視你時，你就不要把自己當一回事。如何理解這句話？首先，假如有一樁交易需要你委屈自己才能成功，那就要好好考慮一下，寧可失去機會；如果對方有意抬高你的身價，願意主動增加某些條件時，面對優厚的交易條件，你反而要冷靜地思考和衡量，寧可捨棄部分利益，也要把條件降下來。談判是為了達成一個合理的交易。

60. 事先定好自己的上限和下限

想達成一個對自己最有利的協議，就要事先決定你的價格上限和下限，因為你的第一個報價具有「沉錨效應」：太高會把人嚇跑，覺得你高不可攀；太低會招致對方的輕視，覺得你一文不值。

61. 談判完成後祝賀對方

無論是你們吵得不可開交，還是你覺得對方的談判技巧有多麼差勁，談判結束之後一定要祝賀對方，也要向對方表示感謝。

附錄

62. 使用雙方均認可的客觀標準

使用雙方均認可的客觀標準來縮小分歧，拓寬達成協議的空間。當對方堅持自己的那一套體系時，你可以尋求證明其中無法促成雙贏的問題，提醒對方必須權衡利弊，考慮其他較為公正的標準。有時也可以找第三方仲裁人甚至雙方採取折衷的辦法在標準的問題上達成共識，否則談判可能在第一步就結束了。

63. 堅持，是最可貴的品格

談判就好比是一項特殊的體育運動，也是一場又一場的體育比賽。一支足球隊在比賽中大比分落後，儘管敗局已定，卻仍要兢兢業業地踢好每一分鐘，給球迷一個交代，給自己一個交代。談判也是這樣，你持之以恆地精心準備，你堅持不懈地認真溝通，但最終可能要面對一個利益受損的結果。

電子書購買

國家圖書館出版品預行編目資料

談判賽局的破冰策略：沉錨效應 × 八二法則
× 交換理論，從偵訊室到談判桌，祕訣大爆炸！
財富好像很近，但其實離你超遠！FBI 教官的
商業讀心術，以長年經驗及成功案例教你精準
攻破對手心防 / 高德著 . -- 第一版 . -- 臺北市：
崧燁文化事業有限公司 , 2022.10
　　面；　公分
POD 版
ISBN 978-626-332-731-3(平裝)
1.CST: 談判理論 2.CST: 談判策略
177.4　　　111013982

談判賽局的破冰策略：沉錨效應 × 八二法則 × 交換理論，從偵訊室到談判桌，祕訣大爆炸！財富好像很近，但其實離你超遠！ FBI 教官的商業讀心術，以長年經驗及成功案例教你精準攻破對手心防

臉書

作　　者：高德
發　行　人：黃振庭
出　版　者：崧燁文化事業有限公司
發　行　者：崧燁文化事業有限公司
E - m a i l：sonbookservice@gmail.com
粉　絲　頁：https://www.facebook.com/sonbookss/
網　　址：https://sonbook.net/
地　　址：台北市中正區重慶南路一段六十一號八樓 815 室
Rm. 815, 8F., No.61, Sec. 1, Chongqing S. Rd., Zhongzheng Dist., Taipei City 100,
Taiwan
電　　話：(02) 2370-3310　　傳　　真：(02) 2388-1990
印　　刷：京峯彩色印刷有限公司（京峰數位）
律師顧問：廣華律師事務所 張珮琦律師

定　　價：430 元
發行日期：2022 年 10 月第一版
◎本書以 POD 印製